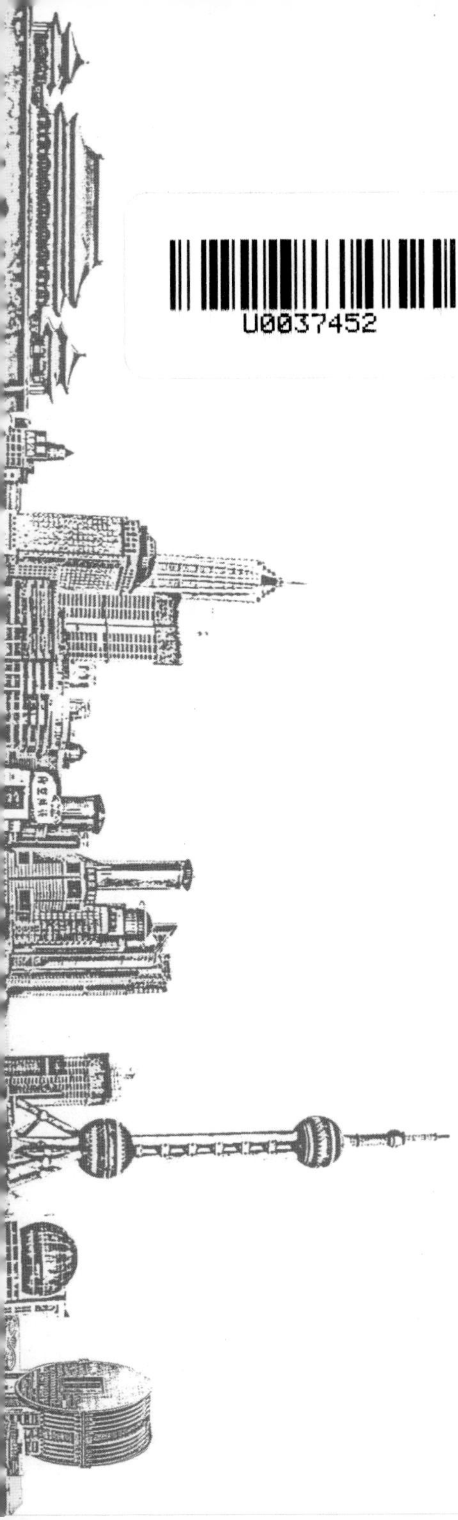

十八個中國

Eighteen Chinas

出版緣起

一九四九年之前的中國近代史，只有一個中國，那是「中華民國」，一九四九年之後，多了一個中國，那是「中華人民共和國」，自此，「兩個中國」議題再也沒有消失過。

海峽兩岸，兩個中國，牽涉到主權、政治、經濟、文化、外交等各個層面，其中交錯複雜的糾纏關係，總是剪不斷理還亂。但看在上一代人眼裡，這段歷史卻一直是清清楚楚、明明白白的，其中容不下一絲曖昧。可是隨著時間的進程，歷史對年輕一代來說，漸行漸遠，輕了，也淡了，曾經的明白，眼下似乎已經沒那麼重要，過往的海峽，今日早已不再是隔閡。從一九八七年開放中華民國國民前往中國大陸探親開始，到二〇〇一年的小三通，再到二〇〇三年的兩岸包機直航，過去大家認為不可能的三通（通郵、通商、通航），早已成為現實，大陸人民更可以光臨寶島，一睹他們曾經聽聞卻從未見聞過的「中國」。

可有趣的是，在海峽兩岸交流越顯頻繁的現在，兩岸大部分民眾看見的卻依然是彼此虛幻的一面。台灣許多人對左岸的認識，仍舊停留在過去教科書上的文字，而教科書上所描述的那些人，對身處右岸的我們，也還是停留在政府灌輸給他們的認知，於是他們想著如何解放我們，為我們帶來幸福，而我們也認為自己才是對岸的希望，期許自己能夠帶給他們自由。

熟知中華民國歷史的人，或許知道，一九四五年二次世界大戰結束，台灣光復，日本人走了，國民政府來了，為了將街道「去日本化」，於是頒布「台灣省各縣市街道名稱改正辦法」。而授命為台北街道命名的人是一位名為鄭定邦的建築師，他最後決定採用與上海相同的命名方式。

上海在一八六二年時，成為融合英美租界的公共租界，為了整合各界歧見，他們協議寫下了「上海馬路命名備忘錄」，統一用中國省名和城市來為街道命名。所以鄭定邦在台北盆地之上覆蓋了一張中國秋海棠的地圖，以現在的監察院前方為中心分出東南西北，先以國父孫中山之名畫出南北，中山路以北為中山北路，中山路以南為中山南路。然後再以三民主義畫出東西，開始逐一加上中國地名，這也是為何台北西南方會有貴陽、武昌與成都，而西北則有迪化、哈蜜與涼州等街道。台北儼然成為上海之後的第二個「中國城」，最後在國民政府遷都後成為名符其實的「中國」。

因此當我們在杭州南路吃清粥小菜、在長春路的長春戲院看電影吃爆米花、在重慶南路找書看書買書、在成都路閒晃西門町、在廣州街先拜龍山寺再逛艋舺夜市，在改名林森北路的瀋陽路享受夜生活，以及在長安西路的當代藝術館看展約會時，這些都成為我們的生活記憶與城市意象，而這些街道裡的中國城市地名，就那樣與那些原本搆不著邊際的事物連結在一塊，最終成為我們對這些城市的奇妙印象與感覺，並產生在南京（東路）吃著北京烤鴨的有趣景象。

本書作者劉二囍，作為來台的陸生，有別於匆匆過客的旅人，將在台灣零距離觀察的體驗，點滴化作文字，累積成《亞細亞的好孩子》一書，為台灣與大陸民眾開了一扇交流的窗，讓大陸人重新認識台灣，也讓台灣人見到自己不知道的台灣；如今，他想要成為兩岸文化的連接橋樑，所以寫下了《十八個中國》，想讓台灣人認識最地道的大陸城市，而不是過去眼中的印象，同時也讓大陸人發現他們自己也不認識的中國。正如作者所言，每一個城市都是那麼樣地不同，但每一個城市卻也都是中國的縮影，所以在《十八個中國》裡，透過一個外地人（劉二囍）的視野，與一個在地人（劉二囍友人）的觀點，兩相對照，主客觀並重，我們可以看到宛如抽樣調查般的十八個城市，與它們交織在一起的三十六個面向。

這不是一本旅遊書，或許讀起來你會覺得有點像是散文集，有時又飄散著文學的虛幻感，但它卻比我們的城市想像更為真實，所以它更接近城市文學，因為終究是城市建築裡的人文造就了城市，而不是建築。透過這本書，我們期望讀者能夠看見彼岸不同於以往的中

緣 出版緣起

國。為了讓讀者更貼近這些城市，我們決定保留書裡頭的用字遣詞，並適當地加以註釋，幫助讀者瞭解這些城市的背景，同我們一起看見「十八個中國」。

大旗出版 編輯部 敬啟

推薦序

搭起一座橋

兩岸開放之初，我曾在短短一兩年間密集走訪了大陸幾個地方，南京、廣州、海南、西安、北京，八〇年代的內地大城市，整個感覺像蒙了塵似的灰撲撲，有一種揮之不去的沉重，除了彼岸親人的深情厚意，其他所接觸到的路人、售貨員或公辦人員，都有種難以言喻的距離，一種穿不透的漠然與不信賴，擺明了雖同文同種，卻不是同一個世界的人。

我原以為這距離要花很長的時間才能拉得攏，但不過短短十幾二十年間，兩岸之間的鴻溝也就給填實了。當然經貿往來，人民所得提升，絕對有助兩岸交流，但我以為新一代當家，把意識形態放在一邊才是如此快速拉近兩岸距離的主因，繼之而來的文化交流，各種制約鬆綁，讓人們藉各種名義得以穿梭兩岸，彼此遂展開了更具深度的探索。

旅遊當然是互相認識最便捷的方式，但短短數天蜻蜓點水的吃喝玩樂，是很難達到深度理解的，若再加上不肖旅行業者或旅遊景點的商家海削觀光客，那真就適得其反了，近幾年

朱天衣

序　推薦序

因為民國熱，臺灣成了彼岸同胞趨之若鶩的旅遊選擇，這看在我的眼底很是心虛，日月潭會比西湖美嗎？阿里山、陽明山會秀麗過黃山、張家界嗎？就算別那麼妄自菲薄，但只要想到臺灣觀光景點商家攬客做生意的模式，真的會讓人冒出一身冷汗。相同的，未做好功課即至對岸旅遊，一樣會有被識為呆胞肥羊的疑慮。

所以當我看到二囍繼《亞細亞的好孩子》（以大陸學生的角度看臺灣）後，又出版了這本《十八個中國》很是欣然，他特為我們揀選了內地十八個城市，以多樣的角度切入中國，若以單篇看，那是對一個城市的認識，若由頭看到尾，雖如二囍自謙也許不能成為大陸通，但對彼岸的認知絕對就不僅是浮光掠影了，至少之於我，這本書可以補足中間二十多年未踏上彼岸的遺憾。

這兩年重新結識的彼岸新知，多是八〇後的「小朋友」，他們連我們這一代要質疑兩岸何來那麼多的愛恨情仇都不必，直接的就和你交心，談政治管不著的人生與文學，回到最樸質的「人」上頭。我也因此擁有了幾位忘年交，還和其中一位貼心的小朋友成為知己，常以最原始的魚雁往返談天說地，她不止為我處理一些對岸的出版事宜，更是我理解彼岸年輕一代思維的窗口，正是這些新一代沒有包袱的孩子，努力的在為兩岸搭起互信的橋。

二囍也一直以成為兩岸的橋樑自許，以他曾有的社會歷練，以他具備人文建築的素養，以他陸生的身份，是再適合不過了，更重要的是，他夠理性，自命憤青的二囍執筆書寫時，卻總能沉靜下來，在《亞細亞的好孩子》中，他看到臺灣的好，但也同時直言了臺灣的欠缺，透過他，我們似乎可以重新再檢視一次自己生存的環境，許多以為理所當然的事，原來是該被珍視的，許多自以為的事，其實還有很大的改善空間，二囍的提醒及建言，是可以讓我們明白自己該珍重甚麼的。

《十八個中國》確實不是旅遊導覽，書中沒有購物指南，也未教我們如何在這十八個城市搭地鐵、搭公交車，甚至連如何吃喝玩樂都付之闕如，但他讓我明白了，為甚麼時間走到廈門、成都就放緩了，為什麼重慶妹子麻辣的令人又愛又敬，為什麼在影劇版中老是出現湖南衛視，為什麼東三省之前出了個張學良，爾後又出了個趙本山……，這是旅遊指南無法告訴你的，也是一趟旅遊無法盡知的，所以許多的事，還是得依賴對彼岸那片土地有情感，又自覺對這岸同胞有責任的人，如劉二囍般的慢慢與你細訴。

推薦序

東海大學建築系教授兼
創意設計及藝術學院院長
羅時瑋

一扇雙開的窗

我們系上這幾年來了不少大陸交換學生，我帶的課上也相處過幾位，資質與用功程度都很好，分手後都還蠻想念的。前陣子就聽說來了位挺有風格的陸生，在廣州開咖啡館，很能寫文章，上課時反應也夠敏銳，還有個特別的名字叫「二囍」。他來到台灣一年，就寫成一本書《亞細亞的好孩子》，描述他在台灣的遊歷與生活經驗。沒想到才隔沒多久，他又寫出第二本，還真是快人快筆呵！這次二囍要我幫他寫序，我白看了他兩本書，自然是該有點回應了。

二囍的志氣是很讓我敬佩的，他說：「海峽是一堵牆，陸生是一扇窗。」他不僅試圖做一扇窗與一座橋樑，也要成為雙向的窗與橋。也就是說，不只幫大陸人看見台灣，也要幫台灣人看懂大陸。所以這本書裡，他介紹了大陸十八個城市，其實在我看來，如同書名所示，是藉著十八個城市書寫，向台灣人呈現十八種當代中國的人文地理風貌。而且二囍還另邀了十八個城市裡的在地朋友，各自書寫他們的城市，來補充二囍以旅人視角所見的外地人印象。

中國大陸是那麼廣大遼闊，不必往外看，國內就已有足夠的不同城市型態與風格，做為彼此相互參照的案例，譬如不必直接描寫廣州，光說「它沒有上海因高貴而流露的傲氣，也沒有北京因權力而釋放出的冰冷，也沒有深圳因年輕而顯現出的淺薄……」，就足夠點出廣州的不傲氣、不冰冷、不淺薄的「不亢不卑、朗朗」特色了。或說起武漢，就指出它沒有北京西安的政治文化，也不如上海廣州的洋風洋味，而充滿著身處內陸的市井氣文化。如此這般，十八個城市編綴起的各地差異參照系統，讓每個省份與城市都找到相對的特色位置，而且彼此互相折射，把整個當代中國的人文形象活生生地呈現出來。

不過，這可是借二囍與他朋友的眼睛所看到的大陸城市，做為一扇窗，這不是百科全書式的大窗，也不是客觀精準的窗，這是作者群們心眼所見的祖國都城速寫。這些文章是「我在其中」的主觀寫法，作者不是抽離開來以旁觀者身分描述對象，而是把自己擺到文裡，夾敘夾議，是把你當朋友般款款而聊地道出他心裡對這城市與那城市的記憶中印象，穿梭著歷史故事與地理特徵，完成一種文學式書寫，寫出動人的城市散文，這屬於不那麼強調空間結構的城市書寫風格。

卻也正是這樣的寫作風格，有時可以一針見血，直率地擊中要害所在。譬如二囍說，重慶是被女性化的城市，成都是來了就不想走的城市，深圳是最不歧視外人的城市，瀋陽是充滿喜感、也是個義氣的城市，他用歌來側寫長安，他朋友用個人成長經驗寫杭州、北京。雖然二囍是學建築的，但其實寫到建築或空間的並不甚多，倒是邀來文章寫自己的城市時，經常流露出懷念過去的悵惘，因當代大陸城市發展快速急劇，資本主義現代化的破壞式創新，使得童年記憶中的城市已經一去不復返。

從台灣人的角度而言，這是一個大國人民眼睛觀看到的世界，不介意細節，在乎的是掌握到關鍵差異。這本書尤其是當今年輕世代看厚重中國的時代景象，每個城市又都是歷史名城，所以可說是「以今觀古」的城市閱讀了。但是我覺得特別有意思的是，這本書流露的「城市評論」傾向，奔瀉而出的文句裡，隨時拈出論點，對著城市品頭論足般地好發議論，對台灣人來說，這很直接，但有時也因不惜針砭而生動寫出城市之所以與眾不同處。

這本書讓台灣人會有感的還有書中溜得滑順口的陸腔國語（普通話），大陸人的書寫是很活的口語化，而且出口成章，隨興捻來皆是詩詞或對句，像是〈北京的冬〉通篇京片子腔調，說北京忙碌又悠閒，「你可以把時間擠成苞米穀子，一粒粒地數著度過，你也可以把時間拉成揪片子，一股氣地趕著度過」；或是生活白描，寫吃碗成都涼麵，可以寫上七、八行洋洋灑灑，花椒、紅油、甜醬、蒜瓣、綠豆芽，又烘又炒又燙又拌又淋，非得逼出川蜀色香味不可。

通過書寫城市，二囍很有誠意地邀請台灣朋友看懂中國大陸的當代真實，這也是當代世界真實裡舉足輕重的一部分，甚至這也是曾為中華民國一部分的當今真實版，而且變化很快，非得跟上它們速度緊盯著看呢！我也很希望有更多「陸生」、「台生」持續類似努力、出版更多增進彼此相互了解的書寫作品！

自序

大陸城市話

上一年，跟研究所的台灣同學一起去雲南之前，他們以為來自廣東的我會對雲南的狀況理所當然地瞭如指掌，但他們不清楚，時間上我從廣州過來台北比前往昆明還要快捷，廣州與北京的文化差距甚至要大於廣州與台北之間。在台灣，很多人對位於北中南的北京、上海與廣州沒有區域概念，只覺得它們都是一起的，反正都在大陸，這使得與他們在地域文化的溝通上經常出現混亂。前段時間，四川雅安地震的時候，台灣朋友關懷我身在安徽的親人，擔心他們受到災難波及，我在感激與感動之餘，也不免感歎安徽與四川距離遙遠，倘若非毀滅性地震，是不會殃及到的。

海峽是一堵牆，陸生是一扇窗。我曾經試圖作為橋樑，以一個大陸學生的視角，用文字詮釋自己在台灣的零距離觀察與體驗，與讀者，尤其是大陸民眾，分享了我眼中的台灣。眼下，文字已經彙集成書，告一段落。《亞細亞的好孩子》按我的意願如期出版，某一個瞬間，我心想，作為一扇窗，我要成為雙開的，而作為一座橋樑，我也要成為雙向的。

鑒於修讀專業的緣故，我對城市與建築一直持有關注度，而遊歷也是建築師的一門輔修課，目前為止，撇開珠海、桂林、麗江、大理等這種中小城市不算，我的足跡已經觸及了不少大城市，遍佈了大半個中國。於是，接下來，我決定嘗試以一個大陸人的姿態，結合個人成長經歷，相容旁觀感知與臨場感悟，用文字去呈現大陸的省市，展現它們的氣質特徵，並通關聯點串聯兩岸，希望對岸在台灣民眾心中不再只是一個符號，而變得立體豐滿；希望大陸的省市在對岸民眾心中可以有血有肉；希望他們能夠消除誤解，瞭解到一個深層的大陸，提升兩岸的相互認知。

我想，這些更是陸生作為橋樑的意義。

整本書涉及到十八個大陸城市，按照我涉足的先後順序，分別是合肥、上海、南京、武漢、長沙、廣州、深圳、北京、瀋陽、長春、杭州、重慶、成都、西安、廈門、昆明、蘇州、濟南等。考慮到無論我如何客觀，都避不開主觀情感，難免有失偏頗，所以我針對這十八個城市邀了一些在地人，或者在當地有著長期生活經歷的人，請他們以另外一種視角也寫上一篇，這樣兩者呼應，也算是一種多元，也算是彌補了我的缺憾。

這並不是一本旅遊系列的書，從中並不能獲取吃喝玩樂的確鑿資訊，裡頭多的是通過文

序 自序

字表達我對這個城市的認知，力圖體現更多人文色彩，而非旅遊風光。為了使其更具有可讀性，照顧到台灣背景的讀者，我儘量在每個城市呈現與台灣的共通點，使其具有參與感，通過兩岸的牽連，弱化孤立地看對岸。鑒於自身的專業背景，我常常會從建築學的角度對城市進行相應解讀。建築學這門學科，在我眼中是一門學問，而非技術，在未來，我更熱衷於把我在專業領域的淺薄修讀轉化為文字，而非圖紙。隨著招生年限的遞增，陸生群體越來越壯大，越來越多陸生投身到寫作之中，紛紛將自己在台灣的感悟集結成書，但是，陸生書籍系列中，眼下這本將是另一向度的首次觀察記錄。

溫故這些城市後，自己也收穫頗多，發現很多有意思的事情。譬如，很多城市裡司空見慣的巷子，在北京被稱作胡同，而在上海的稱謂則是弄，無論是胡同裡的四合院，還是弄堂裡的石庫門，都以截然不同的風格形式，詮釋著專屬於這個城市的地氣。在上海，可以發現很多以「浜」字為尾碼的路名，諸如洋涇浜、陸家浜、肇嘉浜等等，浜是小水溝的意思，這與上海地處江南近海多水的地理環境相契合；而在蘇州，有山塘街、橫塘街、斜塘街等，很多地名以「塘」字命名，這個城市通過與水休戚相關的塘來表達江南水鄉的特質；武漢的話，則很容易遇到帶有「墩」字的地方，據說這與武漢多洪澇侵犯、民眾頻繁築墩抵抗有關；坪和壩是山城重慶的特色，無論是南坪、大坪、楊家坪，還是沙坪壩、菜園壩、珊瑚壩，都在與山呼應。這些地名、路名的稱謂，承載了城市的文化與歷史，在某種角度來講，就是城市的個性，它們以一種獨特的方式使所在城市具有強烈的可識別性，功效甚至超越了地域性的建築符號。

我曾經歎息隨著現代化的進程，在高速與盲目的城市建設發展下，使各個城市的建築大同小異，不再具有強烈的地域性，逐漸淪為千城一面。可是，在後來的書寫過程中，我不斷地感歎大陸城市的多元，每一個城市都有自己獨特的性格和氣質，即便它不通過具象的建築物呈現。如果一個人長期生活在大陸的一個城市，可能會不自覺地將這個城市理解成中國的縮影，這樣的話，這本書裡看到的將是十八個中國。

起初，我把書名擬定為《大陸城市話》，言下之意，就是聊一聊大陸的城市，但總感覺有些不夠滿意，一直猶豫不決，眼下，索性就把「十八個中國」定為書名好了。

目錄

目錄

陝西．西安

福建．廈門

雲南．昆明

江蘇．蘇州

山東．濟南

安徽 · 合肥

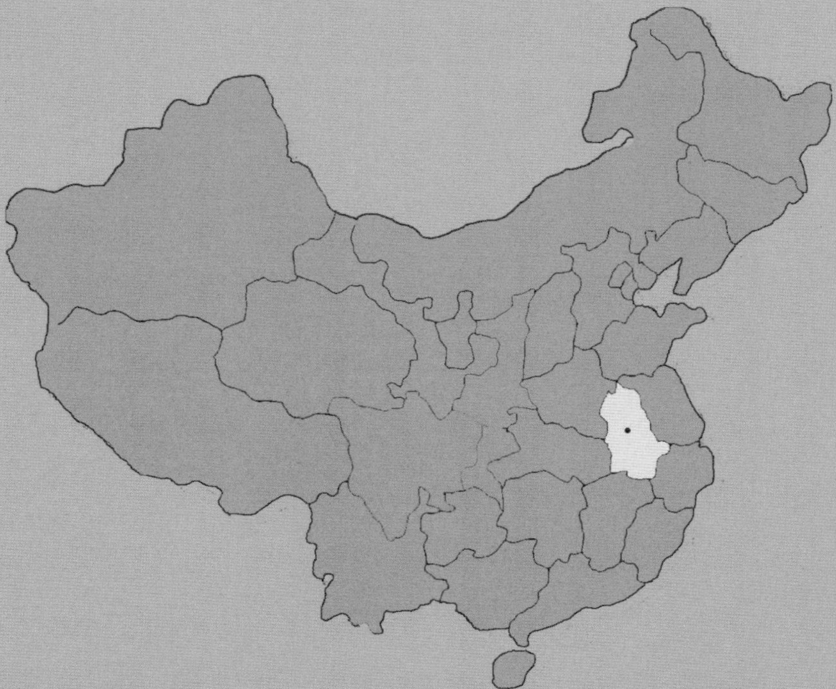

故土已故

作為一個安徽人，我坦然承認，安徽是一個很不入眼的省分，何止台灣人不瞭解它，就連很多大陸人都對安徽都知之甚微，我在廣東的不少同學一直對這省的座標定位不明，其省會城市①合肥也成了他們一生都不曾想到要去的地方。

鑒於其作為我人生的起點，我將安徽放在首位，第一個談及。其實，安徽理應放在全國各省市排名的第一位，大陸地方或姓氏的排名通常是按照漢語拼音的首字母，在所有省分、直轄市或自治區，唯有安徽以A開頭。當然，作為不曾接觸漢語拼音體系的台灣人，對這種排序方式可能一時無法理解。可是由於安徽的不爭氣，配不上頭牌，很多時候就改變了這個遊戲規則，順利使其技術性後移。

二〇〇三年，我南下廣州讀書，同學來自四面八方，一共六十餘人，有兩位來自安徽。在我們與其他同學的交流中，心寒地見到有不少人對合肥這個城市一無所知，對它的理解只是一個詞彙名稱，不知道其位於安徽，更不知它是省會城市。不過好歹他們知道黃山，倘若

皖 安徽・合肥

讓全國民眾列出能代表安徽的一個地方，那最多票數者必然是黃山了，享有「五嶽歸來不看山」與「黃山歸來不看嶽」的黃山成了最長臉的一個門面。不過我雖然去過黃山市，可惜至今尚未登上過黃山。讀了建築學專業以後，避不開談到享譽的安徽民居，大一那年，很多同學都問及我安徽民居的狀況，我羞紅了臉，由於我久居皖北，從未涉足皖南，而皖南民居才是安徽民居的代言，我對其知之甚少。作為一個安徽人，作為一個建築系學生，這不健全。於是，那個暑假，我獨自一人直下皖南，果斷地彌補了這個缺憾。

其實，皖南才是安徽的精華所在，黃山舊時地名叫做徽州，安徽的「徽」字即來源於此。萌生於東晉，成長於唐宋，盛於明的徽商在鼎盛時期占據了全國總資產的半壁江山，他們在外面開銀號辦金庫，成了大財團，於是紛紛在自己的故鄉建造了豪宅庭院，但難能可貴的是，商賈在富足之後重視文化修養，建立私塾致力科舉，文賈結合，成就了為人樂道的儒商。雖說好漢不提當年勇，可是我還是要提及這個光輝往事，因為安徽真心配不上好漢的稱號，而且入流的猛事基本上就只有這一件。徽商在明朝時期的成就成了安徽歷史上的一個鼎盛階段，以致前無古人後無來者。在過去的繁花似錦煙消雲散後，徽州逐漸歸於沉寂，至今保留的那些宅院，成了子孫後代的一碗飯。白牆青瓦的民居，散落在如詩如畫的村落，諸如

① 省的行政中心，即省政府駐地。

宏村、西遞，已經成為遊人熱衷的景點。就個人觀感而言，它們與黃山是安徽僅有、值得遠道而來造訪的旅遊資源。

除了黃山這張名片以外，安徽還有中國科技大學這把利劍。很多人對安徽的知曉來自於中國科技大學，這是大陸一所處於頂尖行列的高校②。這是一個罕見的現象，國字頭的大學都渾身貴氣，通常盤踞在北京城，中科大位居安徽，理應成為這裡的驕傲，可是在外人眼中，卻是另外一副說法，覺得可惜了，理論依據是安徽配不上中科大，就像感歎白富美的姑娘結合了矮矬窮的小夥子一樣。這也使得很多高分學生在高考志願填報上，因為合肥而對中科大望而卻步。需要說明的是，大陸的科技大學與台灣的科技大學是不同屬性的，對於學生來源沒有技職體系與普通體系之分，與其他類別高校一樣統一招生③。

這幾天④，在微博上被刷屏⑤的除了十九年前凋零至今真相不明的朱令⑥，還有高空墜落後被快速焚屍滅跡的袁某⑦，她們用生命詮釋了一種不公，拋開這個不公不談，我們轉移到另外一個層面，很容易得出這樣的結論：北京盛產名校學生，安徽盛產進城民工。這是另外一種不公。安徽作為農業大省，農閒時間並不需要那麼多農工，常年往外輸送大量進城務工的人員，無論男女，曾經一度，安徽特供的女保姆，風靡上海灘，安徽和河南一起成為兩大重要的勞動力輸出基地。他們以一種低級而沉重的形式為家鄉經濟建設作出突出貢獻，為家裡老少提供財源。這些經濟貢獻的份量沉澱，濃縮血汗，可有時卻摻雜了不少遺憾，不安於靠出賣體力的本分差事，想要快速致富的農民工越來越多，作奸犯科時有所聞，為故鄉留下壞名聲。在安徽民工聚集的上海，以及河南民工聚集的深圳，屢次上演針對地域性的歧視案件，分別把安徽人與河南人列為不受歡迎人群，讓人尷尬不已。

安徽的尷尬，還體現在位置上，不南不北，不東不西，疏遠了北上廣⑧三個核心點，又偏離了京廣鐵路⑨這一經濟主幹線。傳統上，縱向定義大陸南北方的分界線是秦嶺與淮河，其中淮河正好橫貫了安徽北部，於是皖北人成了北方人，淮河以南的人則成了南方人。當然如果用主觀心理強奸客觀地理，廣東人堅稱韶關以北都是北方，北京人強調過了河北省就都是南方，那可以當我沒說。境內另一條大河是長江，它穿越安徽南部，使江南江北形成了兩

---

②在中國，大學與獨立學院等高等院校簡稱「高校」。

③在大陸，科技大學與其他大學的學生來源相同，均來自參加普通高等學校招生全國統一考試的考生，不作區劃。

④本文寫於二〇一三年五月。

⑤網路用語，又叫「洗屏」，台灣稱為「洗版」。

⑥北京清華大學一九九二年入學的化學系女生，「朱令鉈中毒事件」當事人。至今尚未找到真凶，此案引發媒體與網絡的大量報導。

⑦安徽籍女子袁某在北京京溫服裝商城內墜樓身亡，死因遭到諸多猜疑，引發社會各界關注。

⑧網路上的新名詞，將中國北京、上海、廣州三大城市的首字結合為簡稱，較正式的說法為「京滬穗」。

⑨連接北京與廣州的鐵路線，全長二千二百八十四公里，是中國最重要的南北向鐵路幹線。

個地域體系，以致雖同為一省人，皖南高山峻嶺，高低起伏，而皖北則是江淮平原，一馬平川，基本上是兩個語系兩個世界。橫向上，東邊靠不上海，經濟大潮趕不上，雖然被劃為華東片區⑩，除了江西省以外，身邊一堆沿海高富帥，諸如上海、江蘇、浙江、福建、山東。由於不在西部行列，推行西部大開發戰略時期，政策優待也攤不上，只有當看客的份。類似這種尷尬的還有河南與江西，這三個位居東部地區的難兄難弟，產業結構依然是以農業為主，真心給東部片區拖後腿。

合肥雖然不上檔次，但是，倘若在安徽境內挑一個城市切入，那還非它莫屬。我始終不願意把合肥稱為二線城市，總覺得它應歸於三線之列，因為無論在經濟水準、城市建設、歷史深度、旅遊資源、政治地位等，與諸如南京、武漢這種二線城市一比，不是一個層面。在歷史文化上，合肥拿得出手的只是包公祠和李鴻章故居，消費的淨是些二線明星，跟隔壁六朝古都的南京城一比，必然自慚形穢。在建設成就上，經濟的薄弱禁錮了其發展，城市形象無亮點，新開闢的碩大濱湖新區⑪不過是一個變相的複製品，大刀闊斧的新城區，了無生命力，也只是淪為城市面孔的濃妝，不足以提升相貌。倘若歷史文化這種內在代表一個人的修養，城市建設這種外在代表一個人的樣貌，那合肥則成了貨真價實的窮屌絲⑫。再有，由於兩者距離太近，南京的存在制約著合肥的發展，他們兩者之間多的是競爭而非協作關係，在南京占據優勢的前提下，常常可以獲得先機。

事實上，合肥在我眼中曾經是個大都市。六歲那年的夏天，我跟隨父母第一次來到這個城市，也成了我十五歲之前去過的最大城市，它成功達到了一葉障目。長期坐井觀天，侷限於安徽看城市，合肥成了我心中最絢爛的繁華。但在我成年離開以後，數次造訪這個城市，都不能久居，不避諱地講，這個城市靠一條叫做包河的窄河、一座叫做大蜀山的矮山，以及兩個二線高官，所釋放的引力實在有限。在我畢業之前，曾有過離開廣州返鄉的心思，如果合肥可以達到南京——哪怕是武漢的層面，說不定今天的我就藏身在合肥的一家建築設計院裡。我們也可以看到，社會上有不少安徽出身的傑出人士，可他們的平臺通常不是安徽的土壤，我想他們當中有很多人和我一樣，都曾面臨著類似的取捨情懷。最終，割捨掉鄉情，選擇了漂身在外。故鄉已經成了再也回不去的地方，對很多人而言，故土已故。

至此回望，作為自己的鄉土，我幾乎無絲毫美言，這似乎有些不仁不義之嫌。如果不能用愛之深責之切這句話來解釋的話，那就任由他去吧。

---

⑩ 即地區，中國按大區劃分華北、東北、西北、華中、華東、華南、西南等地區，其中華東片區包含山東、江蘇、浙江、安徽、江西、福建、上海六省一市。

⑪ 合肥市二〇〇六年十一月啟動建設的新城區，未來城市空間發展戰略的重要組成部分。

⑫ 大陸一般用於形容「矮窮醜」、出身卑微的青年男性，與「高富帥」相反，在網路文化中有諷刺意味，用法類似於台灣的「魯蛇」（loser）。

五年一夢

衛軻

我不知道該怎麼定義一個生活了五年的城市，這個城市離家的距離只有短短的九十二公里，小時候，沒有所謂的地理概念，覺得除了首都北京，省會合肥就是一個遙不可及的地方。那兒有大人們經常去的城隍廟，有孩子們憧憬的逍遙津公園，有車水馬龍的三孝口、四牌樓，有著長達半個世紀歷史的長江飯店。多少年後，走過城隍廟，人頭攢動依舊如母親所形容的那樣，但卻發現與它格格不入，那個年代的痕跡已在自己身上尋摸不著，如同一個八〇後對於五、六〇年代的印象影影綽綽般不真切，歷史與自己無關，剩下的只有木然、彷徨和街口的一碗涼皮米線①。於是，路過兒時朝思暮想的逍遙津，雖然沒有再踏入，卻很值得開心。每個人，或許都有幾個這樣的地方，放在最深處，曠遠而又真切，一旦想到就會打開記憶的閘門，頃刻間，無數的冷暖和人情湧上心頭。這種體驗源於獨自靜靜斟酌的美，走近了，觸摸了，也許，就不那麼美好了，景沒變，我們的心態已千差萬別。

青春，如同一場春夢，從沒想過，自己會把最美好的青蔥歲月留在這樣一片土地上，如果可以，我希望這個夢不要醒來。

二○○四年的某個早晨，一家老小把一個考上大學的孩子送到這裡，然後這個孩子在這個城市結識了一幫稱為朋友的傢夥，開心的度過一天、一個星期、一個月、一年，直至第五個年頭，某天即將遠行之際突然發覺對這個城市依依不捨，與朋友們抱頭痛哭一場後堅定地背著包坐著火車離開。很難說清楚這個城市給予了什麼，就如同很難界定我與這個城市的關係：朋友，家人抑或是戀人。記憶真是個奇妙的東西，我與她似乎談了一場短暫的戀愛，醒來後，愛情已經變為親情，濃香得久久無法忘懷。依稀記得車子在高架橋上穿梭，望著縱橫交錯的水泥墩子，彷彿初戀般莫名興奮。

剛來到合肥的時候，總喜歡去找尋每一條以省內城市命名的街道，彷彿這樣離家的距離就不那麼遙遠，多少次徜徉在紅星路、淮河路、長江路、金寨路，大大小小、長長短短的路，將這五年的青春軌跡連同那些歡笑、失意、癡語串在一起，於是青春也就不那麼渺小了。

每次透過大巴的車窗遠遠望見大蜀山，我就知道合肥已不遠了。這座因火山噴發的大別

①合肥當地小吃。

山餘脈，不管是在豔冶如笑的春天，蒼翠欲滴的夏天，明淨如故的秋天，還是慘澹如臥的冬天，始終日復一日，年復一年，安靜地訴說著關於這個城市的故事，見證著屬於這個城市的歷史。

讀大學沒多久，高速的動車②將原本兩小時的回家車程縮短到半個小時，但對於生性就有很多不安因素的我來說，離群索居似乎是最好的自我釋放方法，所以，也只有在節日才會踏上歸程。日子像爬滿牆上的藤，對這城市的漸漸熟悉就如同生命個體的長大，有些東西會悄無聲息地鑽入身體內部，安營紮寨，將自己與原本毫無關聯的它緊緊聯繫。你探尋得越多，根紮得越深，直到某天不得不離開時，才發現腳步已沉重的不能自已。

在一個地方住久了，身體的氣息就會散發出這個城市的特質，一種純粹屬於這個城市的精神能量。人需要不停的行走，從一個地方搬去另一個地方，將所有路過的不同幻化成自己的逍遙快樂。但很多時候，我們真的快樂嗎？離開合肥幾年，現在的我，每天忙忙碌碌穿梭在多米諾③的夾縫中，幾乎看不到日月交替，卻總是站在窗邊看著夕陽映射在遠處的玻璃幕牆上，想念遠方的親人和朋友，想念四季更替的噓寒問暖，想念落日餘暉下天鵝湖飛奔的快感，想念著家鄉的方圓一百公里，想念那回不去、只能如電影膠片般在腦海中閃過的從前。

在陌生的城市聽到鄉音，辨識鄉人，如同在一個黑暗房間裡，跌跌撞撞地打開一個開關，所有的燈在瞬間點亮的同時，那種久違的安全感又肆無忌憚地俘獲了我們的心。這是一個永遠玩不膩的遊戲，雖然知道終將擦肩而過，茫茫人海中散佈著、點綴著多少說著同一種方言的人，但偶爾的捕捉，使得語言早已喪失其原有的功能，只是扭轉到同一個頻率，一切都回歸到質樸的原點，簡單、純粹。

生命中有多少個五年，如果每個五年都待在一座城市中，又可以在自己小小的地圖上，驕傲地添上幾個圈，掐指算算，除去前面不諳世事的二十幾年，也不過十個城市左右。我們以不同的方式與路過的風景打照面，希望從一去不復返的點滴中，再去挖掘被時光磨滅的影子，城市一次次包容著我們的無理取鬧，一次次寬恕著我們的可悲，把人們從迷失中拉回正軌。走得遠了、累了，我們需要的就僅僅只是一份安寧，合肥這樣一個圈，給予了我滿滿的存在感，她不需要過多的修辭，在「天地轉，光陰迫」的歷史輪迴中，本分地扮演著自己的角色。每次面對她，心會變得越來越柔軟，每當手指劃過她的皮膚，會有驚喜和悸動，會感覺到她的每一個毛孔都在呼吸，會感知她的脈搏，願意傾聽她訴說的故事，沉浸在她的臂彎

② 「動車」是中國高速鐵路（China Railways High-speed）的獨有稱呼，與時速三百公里以上、採用鐵路類型的高鐵不同，為列車類型，時速在二百公里以上，除了動力牽引之外，車廂本身也具有動力。

③ 骨牌（domino）英文的英譯。

中沉沉睡去，哪怕這個故事只有開頭沒有結尾。難道這些不足以說明你對這個城市的渴求？

這幾年，我與合肥唯一的交集就是從機場降落，再從同樣的機場起飛，機場等候廳的面孔始終是我為之牽盼的理由。二〇一三年，機場搬遷到了郊區，我也許會直接坐上機場大巴回家，不再路過合肥，我不知道自己與她邂逅的機率還有多少，但我知道，這個被稱作「兩個胖子」的城市，承載著我刻骨銘心的青春記憶，是我不管走到哪兒都會魂牽夢繞的地方。

我與這個城市的夢漸行漸遠，卻仍願一醉方休。

上海

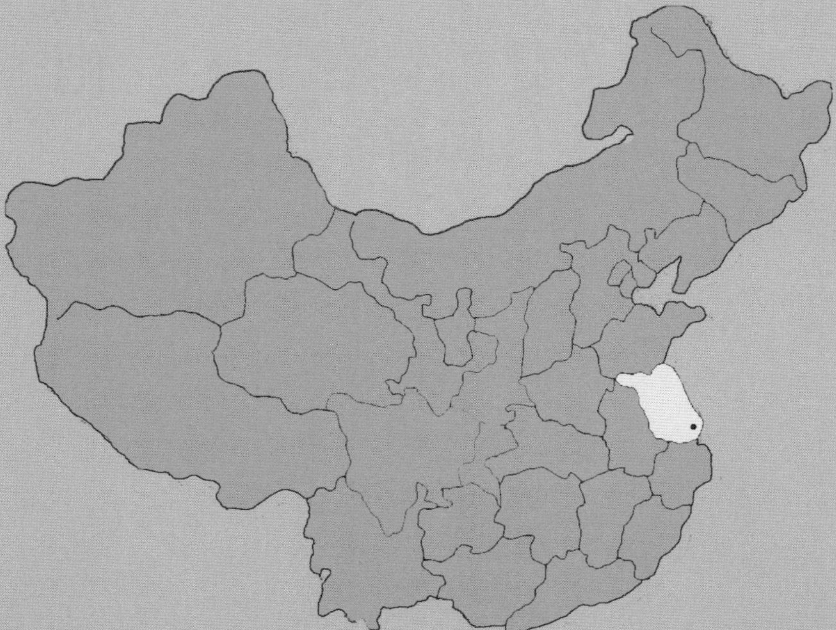

一襲華美的旗袍

夜上海，夜上海，你是一個不夜城，華燈起，車聲響，歌舞昇平。

播著黑膠唱片的留聲機從大彎喇叭裡飄出靡靡之音，小洋樓裡探出身子的旗袍女子，這些都賦予上海這個城市一種高貴的氣質。三〇年代，上海作為世界上最繁華的城市之一，是東方排名第一的大都會。彼時，十里洋場已經是一片車水馬龍、熙熙攘攘的繁華景象，百樂門大舞廳的名流佳人薈萃，從蔣介石、張學良、杜月笙、黃金榮、徐志摩，到阮玲玉、蝴蝶、周旋、李香蘭等，他們用一種不可複製的方式為這個城市演繹了一段絕代芳華。

八〇年代走紅風靡的電視劇上海灘，周潤發與趙雅芝向世人展現了一個江湖味十足的大上海，那裡激盪而刺激誘人，甚至讓荷爾蒙分泌過剩的城鄉結合部①青年血脈擴張。在我這種外地小城青年眼中，上海是大都市的範本與巔峰。

這裡是大上海，在大陸所有城市名稱前加上一個「大」字，只有加在上海之前，才夠順耳。無論課堂內外，上海一如既往地保持著明星城市的姿態。初中時期，有本教科書封面是

滬 上海

上海外灘陸家嘴，挺拔的東方明珠一枝獨秀，直聳雲霄，用建築物的海拔向外地青年彰顯這個城市的高度。物理課本上，浦東機場的磁懸浮列車成為濃重的談資②，它讓上海成為中國最頂尖科技力量的代表。而課堂外，以老上海為故事背景的電視電影層出不窮，他們通過對舊上海的重現讓不明真相的觀眾對新上海充滿期盼。

上海雖然帶了一個海字，而且作為沿海城市，但是它稱不上海濱城市，尤其與大連、青島相比，這裡沒有拿得出手的沙灘。這是我身臨其境後才修正的一個誤區③。那是在一九九九年，我作為一個初中剛畢業的少年，跟隨親戚探訪在上海務④工作為流動人口的表姐，在綠皮火車⑤上經歷了十餘個小時，從安徽蚌埠火車站抵達上海火車站，這是生平以來第一次離開安徽。在我雙腳著地的時候，清楚記得我的心在怦怦作響，眼前是電視中的花花世界，腳下是大上海土地，那一刻的感受，如同終結處男之身一樣莊嚴而熱狂。

---

① 城鄉間的廣闊地帶，泛指城市建成區與非建成區的接壤地帶。
② 談話的資料。
③ 誤解。
④ 上海因位於松江下游支流「上海浦」而得名，後來因酒而成名，便在這一帶設置了專門管理酒稅的機關「酒務」，但因地近上海浦，就稱為上海務。
⑤ 一種即將被淘汰的老式火車，速度較慢，沒有空調，價格低廉。外表呈綠色，故名。

外灘依舊熙熙攘攘，我淹沒在觀光客的人流大潮中，看著人來人往；陸家嘴成了另一個十里洋場，無論它的氣宇還是高度都足以讓我驚歎仰望；百樂門大飯店的門內依舊是另一個世界，它是別人的天堂。在迷離的上海，我時常迷失方向，可是沒有迷失自我，反而發現了另一個新的自我，找到人生的方向。對於落地玻璃窗內的繁華景象，我不甘願只能觀望，於是走進大都市，成了我的夢想。我成功將欲望轉換為學習的動機，在那個背景下的我，想要實現願望，高考⑥這條路是最便捷的通道，甚至是僅有的出路。最終走過獨木橋，我成了一條越過龍門的鯉魚。只是出了龍門以後，我來到了廣州，而非上海。我得感激上海這座城市，它激發了一個少年前進的潛能，實現人生的突變。雖然在十四年後的今天，我早已經推翻了曾經關於上海的那些欲念，正在努力試圖擺脫鯉魚身上的腥臭味。

時隔十年以後，二〇〇九年，我再次造訪上海。曾經的那條鐵軌上，綠皮車被高鐵取代，十餘個小時的車程已經被縮減為兩個小時。十年之間，上海在快速發展，東方明珠已經被淹沒在混凝土的叢林之中，建築的最高高度在不斷被刷新；浦東新區已經成功崛起，以傲嬌的姿態昂首闊步；隨著浦東機場的使用，上海成為整個大陸唯一擁有兩個民用國際機場的城市。上海緊隨著時代的腳步，繼續牢牢占據著明星城市的位置。而十年間，我也在急速成長，在第二次踏上大上海後，它在我眼中小了很多，我可以用平視的眼光打量這個地方。

滬 上海

與帝都北京呼應，上海別稱魔都，這個稱號自二十世紀三〇年代即開始，意為魔幻志城、魔力之都。這個魔都，成為了國家經濟中心、金融中心、航運中心、貿易中心、工業中心、會展中心等，是唯一可以與首都持衡的城市。這種魔力，持續散發著吸引力，無論仁人志士還是蠅營狗苟都趨之若鶩，從全國各地彙聚上海，闖蕩未來。這使得上海人口密度高居不下，目前，上海擁有二千三百萬常住人口，與整個台灣的總人口數目幾近持平，不過其中戶籍人口只有一千四百萬，它包含諸多成功獲取戶籍的外地移民，真正世居上海的本地人少之又少。我得承認我是一個鄉下人，尤其當我身處大上海的時候。在魔都人眼中，上海以外的地方都是鄉下，在整個大陸，這是本地優越感最為強大的一個地區。戶籍政策誘發的詬病，在上海氾濫成災。在局部事件上，上海人對外地人的汙衊，有時已經絲毫不再婉轉含蓄，而逐漸走向公開。

早期，吳越文化⑦與西洋文化在上海彙集，塑造了海派文化⑧，這是上海引以為傲的地

---

⑥中華人民共和國普通高等學校招生的全國統一考試，中國高等教育學校的招生入學考試，高中畢業生或俱有同等學歷的考生參加的選拔性考試。

⑦指江浙地區的地域文化。

⑧受西方文化影響較早較多的一個複雜的地域文化。「海派」一詞，是二十世紀二〇年代北京一些作家的創造，用於批判上海某些文人和某種文風，海派的對立面是京派。

方。京派與海派作為兩大派系，前者講究東方傳統，而後者重在融合西方，呈現開放、創造、多元與包容。從上海的音樂、飲食、民俗上都可以見到海派的痕跡，在建築文化上，城市裡有著諸多中西並存、中西合璧的建築物，其中石庫門是承載著上海民眾深度情感的特色民居住宅，是對海派的重要詮釋。海派的存在，讓上海成為一個有腔調的城市，二〇一〇年十一月十五日，一場大火肆虐了靜安區的一棟高層公寓，死傷慘重。民眾自發地組織了聲樂合唱團，在祭日當天，用高雅的旋律紀念逝者，激勵生者。這種場景與形式是在其他城市很難發生的事情。

上海特有的腔調，在這裡的女性身上，有著變相的表達。特定的成長環境，決定了她們普遍傲嬌的性格。不少人中了小資⑨的腐毒，對生活品質有一定的硬性要求。嬌生慣養的姑娘，見慣大場面，加之自身優越條件，容易產生挑剔與不滿，這是很合情合理的事情。只是對很多人而言，養個上海女人，成了一種極大挑戰。

上海男人這個群體，整體上倒是低調很多，沒有被著重拿出來說事。不過從上海市府大院走出來的那幾個男人，則會引爆全場。在政治職場上，有一個特殊的現象。國家領導人多有在上海做一把手⑩的經歷，江澤民、朱鎔基、習近平等，均當過市長或書記，於是上海成了國家領導人的前期培訓班。

具體到個例的話，上海男人則是一點都不落寞。上海總是不缺乏噱頭，可以持續吸引公眾眼球。只是姚明、劉翔、韓寒、郭敬明這四個平均身高一米八的上海男人，一舉一動就足以撥動全國媒體的神經。他們雖然身高呈等差數列的梯級關係，可絲毫不影響到他們的平行影響力。在姚明退役、劉翔傷殘、郭敬明變相傷殘的今天，我從中將韓寒選擇作為上海這個時代的標籤，除此以外，還有海派與排外。

上海是一襲華美的旗袍，可是上面爬上了蝨子，有時你會不得已把它脫下。上海是一具婀娜的胴體，上面沾上幾滴蚊子血，你無法做到盡情地愛撫親吻。上海是一張黑膠老唱片，吱呀的音質破壞了旋律，你可能會想去換上一張盜版CD。

勿容置疑，無論有無世博會為它帶來形象的洗禮，也無論有無黃浦江上演的豬肉湯大戲⑪，上海都足以成為代表大陸城市巔峰那面旗。

⑨ 九〇年代開始在中國流行的用語，為小資產階級的簡稱，特指嚮往流行生活，追求物質和精神享受的年輕人。
⑩ 指一個有組織單位的最高領導人。
⑪ 二〇一三年三月，上海黃浦江因漂浮數千頭死豬而引發廣泛關注。

走遠的我不追

朱順麒

一個北京同學要去巴黎，在上海乘飛機。想到上海似乎曾幾何時被稱作「東方巴黎」，於是帶他去了上海法租界看看。思南路上，法國梧桐、水泥圍牆、洋房，依稀還看得出當時的輪廓。但是當我看到一排整齊仿舊別墅的時候，突然意識到，上海其實早就在我出生前離開，這樣算來，已經快二十多年，杳無音訊。

講究，卻懶散；精緻，其實摳門；精明，又時常衝動。上海人吃炸豬排愛沾辣醬油，辣醬油甜、酸、辣、鹹，還鮮。五味俱全卻都點到為止，詭異地成了上海人的最好註腳。上海人多是移民，一般不過三代，而真正原本就生活在上海的人，上海人們卻叫他們本地人，把他們排除在上海人之外。這樣幼稚的心態在上海存在了非常久的時間。從開放到封閉，現在「主流」的上海人多是在市區土生土長，在成長的過程中又少有別地來的新移民進入，而他們父輩那需要拼搏的時代也已不在，原來矛盾的個性和諧得成了一種文化，現在看上去卻流於下乘。如果要講上海人排外，我想了很久，真是無從辯解。從原本的驕傲到被追趕的擔憂，再到現在僅存的安慰，上海人變得越來越不排外，連那些排外的方式也越來越低俗和心虛。我嚐到的，那沒有了原來那種驕傲的氣度，變得越來越酸澀，似乎隱隱約約帶上一些英雄遲暮的淒涼。我並不知這是好事還是壞事，只是再沒有信心，也再不講究的上海人，還嚐得出泰昌黃牌辣醬油的味道嗎？

不只上海人把自己變成了洋涇浜，最近上海郊縣也出了一些仿石庫門的商品別墅，如同新天地一樣，風情變成了手段拙劣的懷舊，可其實大多數上海人（好像要有一些年紀）都有真切的弄堂居住經驗。

近年上海的市面上突然出現了很多文創園區，不論田子坊還是1933，懷舊的氣氛背後卻是借屍還魂後的僵硬。最近類似的文化產業在上海打得火熱，老廠房、老住宅、老市場，在資本運作下改成商鋪賣起了文化，上海人似乎也樂得去那裡懷舊一把，沾點文藝的氣息。可是石庫門對上海人來說從來不是特殊的存在，石庫門只是生活的載體。幾戶人家共用的灶頭間，前客堂是一家人家，後廂房是另一戶，三層角亭子間住一戶，晚上弄堂裡乘涼聊天，小朋友在白熾燈的黃光下打打鬧鬧。現在他們長大了，卻再沒有弄堂，再不分前後客堂，打通變成商鋪掛上招牌，寫幾個洋文放幾首爵士。我不敢說這沒有情調，只是，這早就不是上海。

所謂土生土長並沒有讓我更加瞭解反而漸漸陌生，曾經一直聽說的上海味道，好像隨著弄堂和高樓的更替而煙消雲散了。本來飄在各處，隨處可聞，現在卻只能仔細搜尋才隱約有一點感覺。

上海不是無源之水，雖然歷史不長，但依舊有千絲萬縷的線索，真正作為商埠港口的現代上海之濫觴。回到十九世紀初的上海，豫園、城隍廟、白雲觀、文廟。南市區是上海的老城，如同華界的閘北普陀，租界的盧灣靜安，是南市特有的中國人印記，現在地圖上依稀可以看到當時的城牆，地名還是城門的名字。並不是要說上海不光鮮時的歷史，只是想講上海人的生活。上海人曾經的生活雖然並非人人富裕，但確實曾經很愛講究，總是把握得住一些平衡。衣食住行都往得體努力，愛面子卻也精明會過日子。上海被北方人詬病的精明或者摳門，甚至叫「娘娘腔」，不論是愛討價還價還是男人在家做家務，在我看來都是身為上海人少有可以驕傲的地方。大家生活不易，討價還價大家都能接受，商家也樂得互相體諒。這也不用抬到尊重女性的高度，在上海人看來，一家人過日子本就不分你我，做家務本就不是吃虧，再說，在老婆面前吃點虧又算得了什麼？這不是一種意識上的進步嗎？有些成見本就膚淺，生活是實打實的油鹽醬醋，本來得體就夠了。可惜上海人卻不能意識到那些行為是一種有些超前的意識，受不住講就把自己改變。若再說夢回，孔聖人前再磕頭，淨土街再遊一

滬 上海

回，再不言做夢，何處與歸？

上海早不是獨一無二、唯我獨尊，放眼中國處處是相似的環境，一朝醒來都不能清楚地確定自己是在上海而不是別的地方。不說是人的問題，只是時代就這樣來了，上海受不住改變，早就匆匆忙忙地逃走。好在這個時代和那時上海的開始有點相似，只是希望在同一塊土地上，為生活打拼、為夢想奮鬥的新上海人能像我們這些孩子的父輩祖輩一樣，愛這塊土地，接納上海，上海人本來就不是一個族群，只是因為時代而聚在一起。

我無意也根本無力再找回上海，上海早已飄散被南風吹走。如果，如果大家可以一起努力，真正愛上海，我們遲早有一天能再飲黃浦江水。難道不就是那樣，我們在的地方就是上海。

江蘇 · 南京

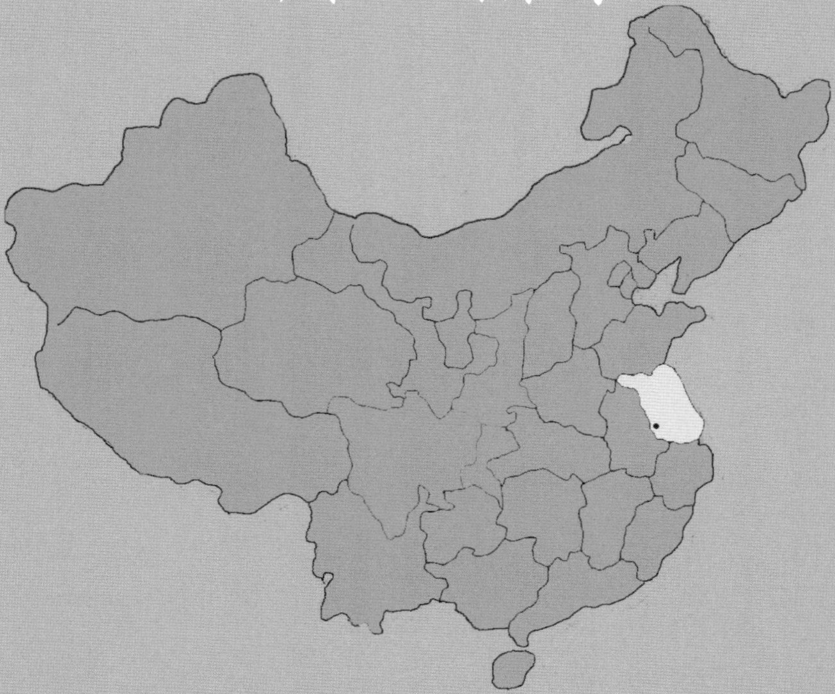

台北的兄長

十里秦淮，金粉樓臺。這是我在少年時代，從唐詩宋詞中，解讀出關於南京城的情懷。之所以對此念念不忘，源於男孩對青樓的神往。不過彼時覺得這樣的畫面，距離自己飄渺而遙遠，不僅在時間上，也在空間上，它是另外一個時代，又是另外一個世界。由於文化水準低，地理意識弱，視野範圍窄，當時竟然不曉得它明明就距離自己不遠，就在省城合肥的旁邊。

上一年的上海之行，激發了我對外面世界的嚮往，二〇〇〇年夏天的那個暑假，我不安於宅居，但由於盤纏有限，不能遠行，於是選擇南京，這是一個靠客運巴士用五個小時就可以實現的短途旅程。正好投奔在那裡務工的親戚，寄宿在他的集體宿舍，可以更節約費用。過了長江，就下了車。南京雖享有江南美譽，但其實在地理位置上，並不是純正的江南，因為長江穿其而過，有小半個南京城處在長江以北。在稍後的那些天，人滿為患的民工宿舍，甚至沒有風扇，夏日炎炎，難以入眠，便每天和其他民工一道，捲起鋪蓋，睡在樓頂，吹著一浪浪來自城郊工業區的熱風，望著六朝古都的星空，做著一個少年關於都市的夢。白天出門，晚上歸來，一邊是工業時代的轟鳴廠房，一邊是遠古時期的歷史輝煌，它們在我一天的時間內隨著黑與白切換。

那時，除了語文課本告訴我們，代表新中國建設成就的有座南京長江大橋以外，對南京的印象幾乎全部來自歷史與詩詞。唐宋時期，金陵城是文人墨客筆下的摯愛，幾乎組團式地在這裡憑弔吟歎。學生時代老師要求背過一首詩，是唐詩人杜牧曾留下的膾炙人口詩句《泊秦淮》：「煙籠寒水月籠沙，夜泊秦淮近酒家。商女不知亡國恨，隔江猶唱後庭花。」從此，很多人對商女和秦淮歷歷在目。杜牧還有另外一首詩，用來讚歎金陵春色，寫下了《江南春》：「千里鶯啼綠映紅，水村山郭酒旗風。南朝四百八十寺，多少樓臺煙雨中。」用一首詩，還原了宗教興旺的香火瀰漫景象。第一次去台灣鹿港，看到廟宇遍佈的時候，我瞬間想到的就是這首詩。在台灣，三步一小廟，五步一大寺。如今，廟宇已經是台灣的文化名片。相對而言，大陸卻走向了另一個方向，逐漸走向凋零，尤其是在文化大革命以後被全盤閹割。但曾經，大陸的土地上也是廟宇盛行，香火濃鬱，與今日的台灣相比，有過之而不及，關於南京城的這首詩就可以很好地詮釋這一點。

除了文人騷客的痕跡，更可見政治屬性的氣息。六朝古都這稱號，既展現了這個城市的厚重歷史，也體現了它作為政治核心的皇氣。然而，紫金山上龍脈雖盛，皇氣生命力卻始終不夠持久，六個朝代都很短暫，南京成了一座殤城。南京之殤，不僅體現在東吳與東晉，以及南朝的宋齊梁陳這六朝，無論是早期洪秀全領帥創立的太平天國，還是近代孫中山主導開闢的中華民國，都同樣選擇定都南京，而最終結果都以短命收場。

說到中華民國，不得不拓開些談。對於台灣人而言，倘若挑選一個最想抵達的大陸城市，它不應該是北京，而是南京。一九一二年，中華民國臨時政府成立時，就宣佈定都南京，後雖遷出，但幾經周折，最終再次回到南京。在一九一二到一九四九這三十餘年間，南京興建了眾多藝術成就頗高的建築，它們在東方傳統的基礎上，融合西方建築技術與風格，形成了獨具一格的民國特色。在南京，我有過一次不尋常的體驗，在玄武區總統府舊址附近，有一個聲名遠揚的酒吧街區，以民國元年的「1912」作為命名，進去後發現，這裡集中佈置了大批讓人拍案叫絕的民國建築。當晚我喝高了，因為它們讓我高興。除了長眠在紫金山上的國父孫中山，在南京，可以發現太多民國的蹤跡，從幽靜校園內的南京大學、東南大學等校舍，到喧囂街頭上的鼓樓醫院、中央飯店、大華戲院等，你可以輕而易舉地把時光追溯到八十年前，這是南京專屬的特色，是其他城市所不具備，甚至是不配的。不誇張地講，在某種意義上，南京是台北的兄長。

殤城之殤，還體現在另一個群體性的災難上。一九三七年底，日軍在南京大規模屠殺中華民國民眾，官方統計的死亡數目約三十萬人，整個城市被縱火焚毀三分之一。每年九一八，整個大陸會拉響防空警報，而南京則是所有聲響的主音。這一天，諸多民眾會前往南京大屠殺遇難同胞紀念館，憑弔大屠殺中喪生的亡靈。南京大屠殺是大陸民眾心中的一根深刺，一提到日本就會犯痛。這種痛感強烈區，除了南京以外，則是東三省，正是一九三一年九月十八日，日本通過瀋陽事變開始發動大規模的戰爭，然後占領東三省，那裡的民眾作為亡國奴，承受了十四年的殖民統治。大陸與台灣有一個顯著的區別，體現在對日本的情感上，很多大陸民眾無法認同台灣對日本親昵的狀態。亡國奴的標籤在大陸要比在台灣沉重得多，極端情緒人士往往會斥責台灣的節操碎裂，因為倒下的那三十萬南京民眾，國籍是中華民國，現在的中華民國民眾竟可以熟視無睹。

之所以談了太多過去的事，是因為我覺得比起當下的成就，南京過去的輝煌顯得更有份量，這個城市吸引人的是古，而不是今。比起過去屢遭皇權寵幸，如今的南京在城市地位上只算得上二線明星，在北上廣四通八達的地鐵線路面前，南京的都市感略顯寒酸；在城市形象上，南京民宅屋頂遍及著密密麻麻的太陽能，這讓人著實掃興。城市建設過度，使得新時期低品質的批量建築物淹沒了那些歷史建築，南京的古韻越來越被新氣取代，而這種新是一種沒有高度的新，是與其他城市雷同的新。

這些年，回歸故鄉，我通常會因為去南京與去合肥的機票總額接近，且前者折扣較多，而選擇飛往南京祿口機場。由於不少友人的存在，我也做過不少次短暫停留，卻始終找不到初次謀面時的驚豔，曾經對這個歷史文化名城的傾心也開始逐漸煙消雲散。

六朝古都，讓南京這個城市顯得厚重，但作為一座屠城，又讓人沉重。歷史的頻繁興衰，朝代的快速更迭，民眾的海量遇難，給南京貼上了一個殤城標籤。不過，秦淮河邊的風流人物、夫子廟裡的陳年韻事、紅樓夢裡的金陵十二釵、雞鳴寺的幽邈鐘聲、玄武湖裡的青山秀水相映、民國時期的風節遺氣，又給這座城帶來了靈動而鮮活的濃鬱底蘊，使其在任何一個城市面前，都不至於一比潦倒①。當然，如果覺得這座石頭城還不夠味的話，那就來碗鴨血粉絲湯吧。

南京之於江蘇，是省會，卻非絕對統領。在大陸，很多省分會有一種共同現象，省會城市的核心地位時常要面臨另外一個崛起的城市挑戰。諸如，在廣東，廣州面臨深圳的政策競爭；在山東，濟南面臨青島的口水炮轟；在遼寧，瀋陽面臨大連的實力抗衡；在福建，福州要面臨廈門的旅遊進攻；在四川，成都曾經面臨的對手是重慶，只是重慶一九九七年被劃為直轄市而成功單飛，不知道往後這類行政上的分道揚鑣會出現在哪個省市。在江蘇，無疑，那個城市就是蘇州。

①南京方言，很不好、很狼狽的意思。

鴨血粉絲湯

韓曉琪、栗夢悅

有人說，當你把青春歲月傾注在一個城市的時候，這個城市對你而言就會變得潮濕而溫暖，我想南京之於我應該就是這樣吧。連我自己也說不清這是一種怎樣的情愫，似乎是沉醉於她溫柔又內斂的懷抱，日久而生情；也好像是在很多年前剛來到南京的時候，就深深地愛上了她。

大多數人對南京的瞭解不外乎中山陵、南京大屠殺遇難同胞紀念館、夫子廟、秦淮河等等，我對南京最早的印象也是這些。可是漸漸你會發現，如果只是在這些人盡皆知的景點走過幾回，那你對南京一定還是一知半解。很難找到幾個準確的詞語來概括一個城市的古今，也許城市和人一樣，有活力、有變化、有靈魂，所以下不了定義，也貼不上標籤。

我覺得再沒有東西比地名和食物更能體現一個地方的特色了。我喜歡記下一座城市的公交①和地鐵站牌的名字，好比在南京，大行宮、總統府、新街口、雨花臺、三山街、羊皮

①公車，大陸稱公交車的簡稱。

巷、瞻園路、馬群、陽山碑材……每一個站名都有說不完的故事。它們勾畫著交通線路、標記著著名景點、傳達著地方特色，甚至記載著城市的變遷。

如果你對南京小街小巷的名字好奇，那我就講個故事給你聽。相傳明太祖朱元璋不僅十分迷信而且疑心很重。有一次聽大臣劉伯溫說，有兩條「魚精」從燕雀湖逃向秦淮河的一條小溝裡躲了起來。朱元璋信以為真，下令將秦淮河的魚趕盡殺絕。朱元璋在上下浮橋佈滿滾鉤，將魚兒堵在這段秦淮河內然後全部殺死，並命令部隊將捕來的魚全部用柳枝串起來、掛在街上涼曬。這樣，整條街就佈滿了落下的柳葉，後來人們就把這條街叫做柳葉街，用船板攔魚的地方就是現在的船板巷，用門板在橋洞口堵魚的「堵門橋」，在一代代人的口耳相傳中變成了如今的陡門橋，設臺釣魚的地方成了釣魚臺，從江邊將魚往回趕的趕魚巷變作了今日的甘雨巷。動聽的名字還有很多：小粉橋、石婆婆庵、明瓦廊、長樂街、剪子巷……。動聽的故事也有不少，這些有趣的地方，如今只殘存在道路邊的孤獨路牌上，現在的它們早就變了模樣，或許以後再也沒人留意，沒人能記起這些巷子流傳的故事和歷經的滄桑。

相比於那些描寫金陵城今非昔比的詞句，我倒更喜歡乾隆皇帝那句「留得六朝風月在，鷗波依舊照人心。」也許是因為六朝金粉帶給了南京城太多的奢華與榮耀，而鴉片戰爭的炮聲和侵華日軍的刺刀又使它明白，一切繁華在歷史的長河中都只是過眼雲煙，因此，現在的它變得寬厚、安祥，而又沉默如水。這個我心中最閑好的城市，平靜溫和地包容著城市裡的一切，也正是這樣一塊土地，不僅有葉兆言②這樣的作家，還有逼哥李③、好妹妹樂隊④這樣的小眾音樂人，和最近爆紅的微博寫手張嘉佳⑤。好妹妹樂隊的吉他手張小厚曾在一篇音樂日誌中這樣寫道：「我覺得或許我就會這麼在南京生活下去吧。我喜歡這個地方，吹著南京夜晚的微風，我那個時候對生活又一次充滿了希望感。」而我，也一樣。

網路上有段文字這樣描寫南京的鴨血粉絲湯：「鴨血的紫紅、香菜的青綠，就那麼自然貼切地和睦相處，和顏悅色，沒有紅配綠的俗氣，沒有葷配素的糟糕，卻有一份桃紅柳綠的素雅。特別是那團粉絲，你用筷子挑起來，沾著一些香菜末，就像風吹楊柳萬千條，又像『清明時節雨紛紛』，你還沒有吃，就有一種煙雨江南的滋味在心頭彌漫。」鴨血、香菜、粉絲、青花瓷碗，每一點都對應一個江南的節拍，讓我們聯想蘆葦蕩、烏篷船，還有掃葉樓的落葉、秦淮河的柔波，錫劇《雙珠鳳》和揚劇《探紅梅》的胡琴聲。彷彿默誦一首李煜的《虞美人》，或重讀一回蘇童的《楓楊樹山歌》，它們的滋味是一脈相承的，都是江南的滋

②葉兆言，一九五七年出生於南京，中國大陸著名作家。
③逼哥李志，中國大陸民謠詩人，全能創作歌手，獨立音樂人，逼哥為其外號。
④好妹妹樂隊，中國大陸民謠樂隊。
⑤張嘉佳，一九八〇年生，作家。

味，金陵的滋味。如果非要把南京打個比方，那我就把它比作一碗鴨血粉絲湯，初次品嚐或覺清淡或覺鹹澀，要多吃幾次才能品出鴨血和濃湯中悠遠的回香。

其實，在南京這個曾經多次承載著帝王夢的城市，如今有著許多很可愛的市井文化。夜市裡的小商小販，夏日晚間街頭竹躺椅上搖扇喝茶聊天的市民，百姓家門前的花花草草，房檐下掛著的鳥籠，還有路燈下眾人圍觀的棋局。如果聽到南京人嘴裡冒出了「吊呆比⑥」三個字，你千萬不要生氣，在南京人眼裡，這不過是個語氣助詞罷了。南京人最常說的一句話就是：「麼的吊四」（多大點事啊），這句話也恰恰表現了南京人性格中最真實的一面，樸素熱情，知足常樂。在南京街頭問個路什麼的，南京人一定會仔仔細細地告訴你，搞不好還會親自帶你過去。一定有不少人聽過那首紅遍網路的南京話說唱歌曲——《喝餛飩》，這首歌把南京的市井文化和南京人的大蘿蔔性格演繹得實在是不容挑剔。

人們都捨不得南京古樸迷人的舊模樣，但又不得不在城市化進程中頻繁地對它進行改造和更新。城市的開發讓南京出現了一個嶄新的河西新城，一流的奧體中心體育館、鱗次櫛比的中心商務區大樓、如雨後春筍般拔地而起的商品房樓盤……它的開發大大緩解了新街口商業區的交通壓力和人口壓力，南京南站的建成更是讓南京加強了與周邊城市的聯繫。地鐵新路線和城際輕軌的建設開發一直延伸到南京邊緣的湯山、六合等地。如今的南京像極了南京站的那只辟邪，帶著石頭城和六朝古都的王氣，沉穩而又活力四射。

城市的開發避免不了對舊城的破壞，南京和北京、西安等城市一樣有著城市新建的陣痛和憂慮，可是你瞧，它既不張牙舞爪地飛速發展，也不似蝸牛般慢吞吞，它按著自己的節奏和步伐一步步走著。有人說蘇州、無錫、常州、鎮江、南通等城市都在迅速發展，唯有南京不緊不慢，可我覺得這正是南京的迷人之處，它有著江蘇其他城市不能比的沉穩和歷史積澱⑦。

曾經看到有人說南京缺少成熟和野性，而我更願意把它理解成沉穩和寵辱不驚。你挑剔它的今非昔比，我卻更憧憬它將來的模樣。

如果你想深入瞭解南京，去北京東路走走吧，和梧桐樹好好聊聊；去使館公館區看看吧，去瞭解南京的民國往事；去看槳聲燈影裡的秦淮河吧，在那裡點首《桃花扇》，聽聽秦淮河畔才子佳人的故事；去浦口西站走走，去看冷清秋和金燕西分別的車站，去看朱自清看到父親背影的月臺；去和文藝青年們到 1912 街區暢飲，去先鋒書店坐會兒；沿著總統府那條路，走到南京圖書館，走到江寧織造博物館，走到江蘇省美術館舊樓……去感受南京的愛

⑥ 吊呆比，髒話，南京方言。

⑦ 積累沈澱。

和溫暖，去看看南京舊時與今日的殤，去發現南京的靈魂。

這也許不是最好的城市，可這是我最愛的南京。

湖北．武漢

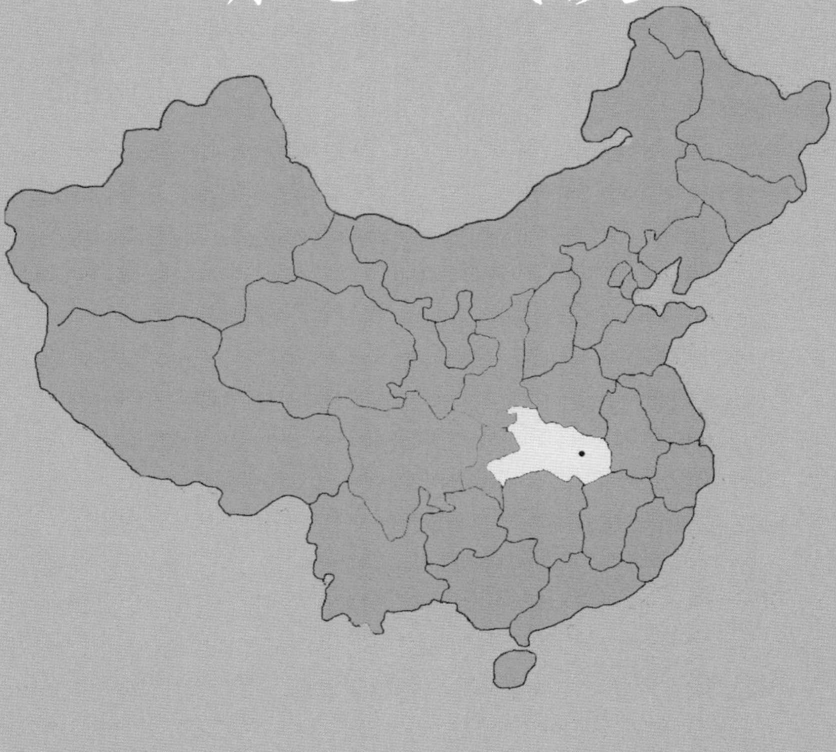

三線城市大拼盤

才飲長沙水，又食武昌魚。萬裡長江橫渡，極目楚天舒。

老毛①這首詞一定讓武漢在六〇年代享足殊榮。以武的形式遊完長江，再以文的方式吟詩作詞，然後新聞通稿發遍全國媒體，漂亮又到位的包裝，必然會使個人英雄的膜拜持續高亢。且不管，這詞究竟是不是出於老毛之手。站在現在的角度，在體制以外，回望歷史，在性質上，會覺得老毛在武漢橫渡長江的人造壯舉，基本上接近金正日隨手一揚朝天放槍擊毀一架美軍戰機。不過這二十一個字，信息量倒還蠻大，涵蓋毗鄰長沙，特產武昌魚，地處長江流域，隸屬楚文化②。

從上海，沿著動車線一路向西，經過江蘇南京，再經過安徽合肥，就到了湖北武漢。而縱向上，武漢是京廣鐵路的必經之路，如今南北高鐵貫通，無論從武漢北上京城還是南下廣州都不足五個鐘頭。毫無疑問，武漢是大陸的交通核心樞紐，南來北往，東出西進，繞不過這個九省通衢。我在武漢待過三次，僅有一次是作為最終目的地，在早些年交通不發達的情況下，我過去長沙與重慶均沒有直達，必須輾轉武漢。

唯一把武漢作為目的地的那次，是在二〇〇一年的春天，那時我在讀高二。我揣著象牙塔的夢，懷著一種朝聖的心理，直奔武漢大學而去，我想要提前瞻仰一下這所被譽為全大陸最美麗的校園。在此之前，大學對我而言只是抽象的概念，我從未步入過任何一個高校校園。在我成長的年代，大學是被神格化的事物，不同的老師會反覆地強調，只有考上好的大學，你才會有好的人生，大學錄取通知書儼然成為走向輝煌的門票，尤其對那一群處在七線城市、無官無商背景的青少年。徘徊在武大校園內，失驚在這片珞珈山林，它的美超越了我的最高預測能力。草地上臥躺幾個在聊天的男生，樹蔭下的長椅上坐著一對對言歡的情侶，那時他們就在旁邊，可我卻覺得距離那麼遙遠，因為我知道那個時候是龍門相隔，身處內外，在我尚純真的眼中，他們是天之驕子，而我只是在紅線邊上探頭探腦的過客。那時的我怎麼也不會想到，草地上的那幾位兄台很可能在宿舍徹夜打機③或者圍坐在一起看毛片④，

---

① 指毛澤東，他在一九五六年到一九六六年的十年間，共暢遊長江十七次，「才飲長沙水，又食武昌魚。萬裡長江橫渡，極目楚天舒。」就是他初遊長江時寫下的名句，出自他的詩作《水調歌頭・游泳》。

② 以中國漢水流域和長江中游流域為代表的歷史文化。

③ 玩電子遊戲機或電腦遊戲。

④ 色情片。

長椅上的情侶很可能在夜色下猥瑣齷齪，或者很快因第三者而散夥，畢業後的他們在出租屋裡常常鬱悶不斷、仰天長歎。

遺憾，那時櫻花尚未完全盛放。櫻花會在每年春季讓武漢這個城市散發吸引力，武漢大學校園內綻放的櫻花會吸引諸多遊客前來觀賞，在整個大陸範圍內，唯有武漢的櫻花享有盛名。台灣民眾對櫻花一定非常熟悉，台灣很多地方，每逢春季也會有漫山遍野的櫻花盛放。這源於台灣被日本殖民五十年，日本統治者將自己的國花廣泛種植在台灣。櫻花作為日本的特有符號，無論在台灣還是在武漢，都被一些人視為日本人的遺物，代表著一段羞辱的歷史。在武漢，它們曾一度淪陷為政治敏感區，面臨被砍伐根除的厄運，好在現實情趣戰勝了民族仇恨，而得以延存。

走出武大校園，便是一望無垠的東湖。武漢享有百湖之市的美稱，但唯有東湖聲名遠揚。從名稱上來看，武漢跟杭州應該算得上是姐妹城市，因為杭州有著婦孺皆知、舉世聞名的西湖。他們同樣作為大面積的城中湖，常常被相提並論，可是東湖面積雖是西湖的六倍，在名聲上卻總是比西湖稍遜一籌。比起西湖，東湖不缺自然景觀，缺的是歷史傳說與文化掌故，人文色彩的缺乏讓其內涵大打折扣，達不到那種高度，這使得西湖可以成為杭州的名片，而東湖只是武漢的景點。如果武漢與杭州算得上是姐妹的話，那武漢與南京則是好基友⑤了，因為都喜歡做鴨，武漢鴨脖子與南京鹹水鴨，還真的是頂呱呱。

從武漢大學的某個側門走出，有一條街，在它的兩側集中佈置了華中科技大學、華中師範大學、中國地質大學等學府，這不同於新時代下統一規劃的大學城，反倒類似於台北的台灣大學與台灣科技大學、新竹的清華大學與交通大學的緊鄰佈置，但這種集中佈置在台灣並不普遍，在大陸很多城市倒是很常見，而且數量上往往龐大，一個區域幾乎可以囊括整個城市的知名高校。武漢堪稱教育重鎮，擁有舉足輕重的高校教育地位，在大陸高校綜合排名的前十榜單上，除了北京與上海兩大豪門以外，只有武漢這一個城市用武漢大學與華中科技大學占據了兩個名額，即便可信度時而遭人質疑。

武漢具有三千五百年的歷史，對這個悠久古韻的最好注解非黃鶴樓莫屬。第二次過去武漢是一個夏天，我乘坐直升電梯登上了黃鶴樓，憑高而望遠，讓我有種穿越感，那不僅是源於享用古人李白曾經的視角，更是源於通過科技進步的工具登上了文物古跡的樓頂。經過數次的改造與修繕，今日的黃鶴樓已遠非當初，顯得嶄新而浮華，最顯著最突兀的一個改變則是內部增設了電梯。憤慨的聲音斥責這是工業文明的濫用，是對古代文明的褻瀆；但反駁者

⑤指男同性戀之間的關係。

不以為然，稱這是古今文明的相輔相成，古典文化與現代技術的有機交融。當黃鶴樓往日的內涵已經逐漸瓦解，淪為今天一個徹頭徹尾的假古董，總會讓人興致大減，我始終認為這種方式不是古今合璧，而是一種相互作踐。

乘坐票價一塊二的公交車，穿行在這個碩大的城市，兜裡一把以毛為單位的零幣總讓自己困惑不已。沿途很難發現配得上歷史名城的建築遺跡，倒是不斷為這個城市的跨度之大而感慨。武漢這個由漢陽、漢口、武昌三個古鎮拼合而成的城市，像是一個被放大了的三線城市，夠大氣卻不精細。即便武漢現在正在規劃建設全中國第一高的建築物，這也彌足不了它在近代城市建設上的失意。事實上，盲目追求高度，有時反而是敗筆。每次等候公車，我都有一個疑惑，這座城市街邊的公交車站燈箱為何清一色是來自不同醫院的各種形式人流⑥廣告；而我疑惑，這情景是發生在作為傑士邦公司⑦大陸總經銷的武漢，某種程度上來講，這裡可是全國安全套⑧的輸送地。據說，那個沿用很久的一塊二票價取消了，乘客與公交公司一塊二的日子終於結束了。

人們常用楚文化來彰顯武漢的深度，可是它在整個大環境下的張力並不大，顯得太虛無飄渺，作用不佳。武漢雖然是歷史名城，但是與周邊一些其他的城市相比，並不算上等。相比之下，三國時期，諸葛亮火燒赤壁、關羽大意失荊州；射雕英雄傳中，郭靖把守襄陽城，這些反而更實在，它們讓赤壁、荊州、襄陽的歷史聲望一度高於武漢。而位於黃岡的黃岡中學，是一個讓高考路上的人嫉恨豔羨的學校，即便它不處在大城市，卻也成了中學界的麻省理工。在台灣，對應的應該是建國中學吧。

一個城市即便是差評，只要你遇到一個稱心的人，便可以助它加分，甚至呈現飆升狀。八年前，我遇到一個與我網名相同、身居武漢大學的武漢姑娘，氣味相投，言談甚歡，這些年斷斷續續聯繫，忽高忽低，卻至今未曾相見。這期間，從未往女友的道路轉向，也未向炮友的軌道偏移，在互相見證了彼此青春年少的那些年後，都歸隱於事業與家庭，淹沒在成年人的生計之中。有時會想，這個世界上，在另一個城市，有一個既遠又近、既熟悉又陌生的人，素未謀面，沒有爭吵沒有傷害，唯有愉悅與信任，這不得不說是一件美妙而感性的事情，而武漢恰因這一份感性而陡然性感。

⑥人工流產的簡稱。
⑦指由總部位於澳洲墨爾本的安斯爾（Ansel）集團控股的武漢傑士邦（Jissbon）衛生用品有限公司，旗下有同名的保險套品牌。
⑧保險套。

江湖之上

馮月

在外飄蕩的這幾年，我開始喜歡聽達達樂隊①的那首《南方》。歌裡唱：「我住在北方，難得這些天許多雨水，夜晚聽見窗外的雨聲，讓我想起了南方……我第一次戀愛在那裡，不知她現在怎麼樣，我家門前的湖邊，這時誰還在流連……。」

這支由幾個武漢小夥子組成的樂隊已經解散，只留下了這麼一首成名曲。歌裡提到的湖，真的在我家門前，名叫水果湖。作為土生土長的「水果湖土著」，我出生在湖邊的中南醫院，從水果湖幼稚園一路讀到水果湖高中。童年的那些漫長夏天，似乎都是在湖邊撈著小魚蟲、小螃蟹度過的。

作為古雲夢澤②的一部分，整個武漢都建在江湖之上。在這個湖泊星羅棋佈的城市，不產水果的水果湖其實普通至極，而名氣最大、面積也最廣的，是與之相隔一橋的東湖。作為城市的旅遊名片之一，煙波浩渺、一望無際的東湖，始終是這個城市中小學生春遊的必選，

鄂 湖北．武漢

也是有朋自遠方來，一定要帶去遊覽的地方。依著蔥翠的磨山，擁有被高大法國梧桐包圍的漫長沿河林蔭道，東湖的美四季皆有風情，是居家旅行、戀愛談情必備的好地方。不過，與名揚四海的杭州西湖相比，東湖的美缺乏雕琢，沒有那麼多精緻動人的歷史典故來作陪襯，湖面上甚至偶爾還會漂起成片死魚，腥臭萬里，作為景區，實在是糙了些。

然而，這絲毫不影響武漢人對它的熱愛和依賴。生活在這個全國四大火爐之一的城市，從很多年前開始，人們就習慣於白天泡在水中，晚上躺在竹床上過夏天。在室內游泳池甚少的上個世紀，去東湖游泳，就如同吃飯睡覺一樣，是武漢人的夏日必修課。如今，東湖邊還殘留著一片石欄，它們就是曾經的泳池圍擋，歷盡風霜，已經略顯殘破。當然，對於游泳高手來說，東湖的深度和廣度是不足以滿足他們的，唯有橫渡湍急的長江才是夏日消暑的首選。這項由毛澤東帶起的運動，直至今日，仍然在武漢市民之間流行著。每一年，都有成千上萬的渡江愛好者參加比賽，刷新記錄，甚至電視臺也會進行實況轉播。想來，這也算是夏日江面上一道奇妙的景致和武漢夏天的「風物詩③」。

但事實上，武漢人對水的感情沒這麼單純，面對大江大湖心中也難有什麼浪漫之情。武

①中國大陸的搖滾樂隊。
②湖北省江漢平原上湖泊群的總稱。
③風景詩。

漢的歷史，反而是人與水對抗的歷史。

武漢人外戰江洪，內戰湖澇，經年已久。這場鬥爭到現在仍然沒有結束。一九九八年，一場特大洪水讓武漢立起了好幾座紀念碑，而在有史記載的歲月裡，武漢人與水爭地也是亙古不變的難題。

人們在水中築土為墩，所以武漢的街巷中佈滿了以「墩」為名的地址；因洪築堤，以堤為名的街道也比比皆是；遇水架橋，光是長江和漢江上就有十餘座大橋，而其他的橋樑，更是以千計數。在現在已經沒有河道穿過的街市中，也留下了許多帶有「橋」字的地名。時至今日，每每遭遇暴雨，因為城市排水系統的積垢，市區內澇④時常上演，武漢人自嘲為「終於可以在武漢看海」。看到網上一組圖片頗有意思——一米多深的積水中，有市民划起皮划艇悠然自得，有人拿網開始撈魚喜不自禁，某高校男生豎起告牌專營背女生過河業務，更有大媽淡定地翹起腿來，在水中繼續修築麻將長城……。

不得不說，這組照片就是人們生活在這個河湖密佈的南方城市裡的縮影。他們與溫柔似水不沾邊，反而說話高聲武氣，潑辣又樂觀。初來乍到的外地人，首先會被公交司機的彪悍驚呆。網路上關於武漢公交司機車技及速度的段子和故事不少，他們被形容成一群身懷絕技的世外高人，用開飛機的技術駕駛客車，將急剎和漂移發揮到極致，深藏功與名。言辭中帶著各類器官和左昭右穆的難聽漢罵⑤，如同「早上好」、「您吃了嗎」一般不斷從他們的嘴裡蹦出來，一不小心就會被問候了全家。雖然現在已經要求司機改說普通話，在車內聽見漢罵的機率已經大大降低，但他們的眉宇間仍然流露著一種桀驁難馴的氣質。

這種一點也不優雅的氣質，普遍存在於武漢人中，也許源於天氣，也許不止是天氣的緣故。與北京西安等城市不同，武漢自古便是商埠，與政治文化不搭界，可它偏偏又與上海、廣州不一樣，深處內陸，西洋風吹刮到此，已是強弩之末。所以這裡的文化充斥著市井氣，再簡單點說，就是俗氣。今年內地有部新上映的小成本電影《萬箭穿心》，原劇本的作者方方是武漢人，她筆下的女主角——漢正街小商品市場的售貨員李寶莉，一口漢腔⑥，火爆脾氣，讓老公毫無尊嚴可言。這讓我這個女土著想起大學開學後，來自四面八方的同學用驚異的口氣抱怨武漢的髒、武漢的擠、武漢的亂，尤其是武漢人的壞脾氣。我也一度無奈地將「你一點也不像武漢人」當作一種讚美。

說起我的大學，忍不住又覺得它也算是武漢著名的文化符號。誰說武漢沒有文化氣息，武漢人則可以毫不客氣地將它搬出來展示一番。

④ 指城市內部由於雨水無法及時通過排水系統排出而造成積水災害，俗稱「水浸」。
⑤ 泛指武漢特有的粗口文化。
⑥ 原指武漢地方戲曲的唱腔，現在泛指武漢方言，即武漢話。

有著百年歷史的建築依山而建，其間錯落有致地栽種著著名的日本櫻花，再加上還算不錯的教學品質，武漢大學每年都吸引不少遊客和學生駐足。尤其是春天，慕名來賞櫻的人潮讓附近的交通瀕臨癱瘓，也影響了校內學生的正常生活。所以，近年來學校甚至開始收取門票限制客流。事實上，武大老校區內不止有櫻園，還有梅園、桂園和楓園，可謂四季景致都沒落下。而作為資深「武媚娘」（武大的男生，則被稱為武大郎），我最喜歡的是武大的秋天，如何形容呢？層林盡染這個詞，一定是為武大的秋天創造的。「樹樹皆秋色，山山唯落暉」，秋日傍晚站在四號教學樓的頂樓教室望向珞珈山，只覺得此生有幸，能生於斯、長於斯、學於斯。

依山傍水的武大「大」得令人髮指，所以學校論壇，也可以霸氣地取名為「皇皇吾大」。武大有多大？從宿舍到教學樓通常需要步行半小時，為什麼不騎車？因為學校建在山上，上下坡太多，地形太複雜。我讀書的時候，由於宿舍偏遠，每天要坐三站公車，然後步行十分鐘才能到教室。公車經過這個龐大的學校，也會不停報站「武大醫學部」、「武大工學部」、「武大淩波門」、「武大附中」、「武大三環學生公寓」……當然，每個學部都運行著數個巴士線路，每隔五分鐘就有班車，開往校園的各個角落，車車爆滿。

其實，武大的大，只是武漢之大的縮影。因為漢江入長江形成的三岔口，武漢被分割為所謂的三鎮——武昌、漢口和漢陽。剛才提及的地方，都在江南岸武昌。說起繁華與近代史上的輝煌，則不得不說漢口。武漢人常說一句老話來誇耀自己：「緊走慢走，三天走不出漢口。」說的就是漢口之大。漢口不僅大，而且洋氣。開埠以來，華洋雜處，西方銀行、企業紛紛登陸，沿著江邊蓋起洋房，仿照著上海，也形成了一個外灘。如今，從這些成片的老房子中也能依稀看到當年的光影流轉、酒綠燈紅，再加上漢口處於兩江匯合口的位置，怪不得曾有「東方芝加哥」的美譽。

但是讓武漢在近代史上聞名於世的並非是因為它的繁華，而是因為它曾經響起象徵進步的歷史洪流槍聲。一九一一年，推翻清廷的第一槍不是在北京、上海打響，甚至不是在孫中山的老家打響，而是響在大陸深處的商業都市武漢。這粒子彈一經射出，便一下子洞穿了幾千年的歷史，讓中國的帝王時代有如倒下的多米諾骨牌，以再難阻擋的氣勢從清朝一直倒至大秦王朝。中國也就被這槍聲引領到了一個新的紀元。

歷史怎麼給了武漢這麼好的機會，使它一夜成就了大名？也許這與武漢大學前身自強學堂的創辦人張之洞有關。洋務運動期間，他以湖廣總督的身份走馬上任，開辦了煉鐵廠與中國第一家兵工廠，並主持修建了蘆漢鐵路（京漢鐵路）。這些「大動作」，讓武漢成為當時最大的工業基地，能夠生產當時最著名的武器「漢陽造⑦」，並開始發揮「九省通衢⑧」的區位優勢。有了這樣的基礎，武昌響起摧毀帝制的第一槍就不足為奇了。如今，坐擁武漢鋼鐵集團等超大國企，武漢作為老牌工業城市，仍然貢獻著不錯的GDP。但隨著改革浪潮風起雲湧，後起之秀如南方諸省的崛起，中部的老大哥也早已不復當年意氣，總有一種「老驥伏櫪」、「烈士暮年」的切膚之感。雖然如此，我們卻不得不承認張之洞的影響之大，在武漢一地無遠弗屆，餘威百年。

說到老工業的沒落，曾經在水果湖邊圈地萬畝的武漢重型機床廠，從我記事起，就在炸樓、拆樓、對外租售地皮。最終，這個曾經輝煌一時的國企，只剩下小小一隅，其餘的地盤夷為平地又建起了新的景觀，甚至有一部分改裝成了大型商業步行街——楚河漢街。天上星河轉，人間簾幕垂，時光流轉，如此遭遇的又何止水果湖一處呢。新修的高架、地鐵，重新規劃的路線與拔地而起的新地標，讓我這離家不過幾年的本地人，早已分不清東南西北，舉步維艱。

然而武漢必然是要向前的，儘管它不再有我熟悉的容顏，儘管曾經的許多東西都已消失不見，但在陌生的街景中，響起的仍是熟悉的鄉音，閉上眼，記憶仍然會清晰地泛起光芒。這種微妙的陌生感與親切感相互交織，融為一體，讓我隱隱有些明白，也許這就是傳說中的鄉愁吧。

⑦ 漢陽八八式步槍，又俗稱「老套筒」，由張之洞所建立的漢陽兵工廠獲得德國授權生產的GEW88，是中國生產的第一款旋轉後拉式槍機步槍。從清末到韓戰都是中國軍隊的主要步槍之一，是二十世紀初中國軍隊的代表性武器。

⑧ 泛指武漢能通過水陸交通與四川、陝西、河南、湖南、貴州、江西、安徽、江蘇及湖北九省相通，表示武漢處於交通樞紐的地位。

湖南 · 長沙

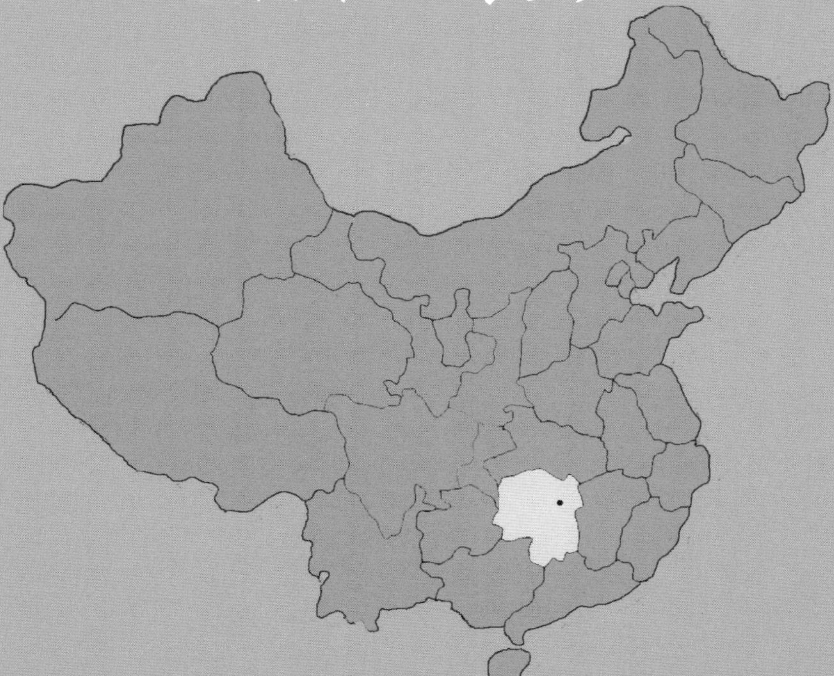

娛樂至死

「我是個受①」，這四個字很吸引眼球，而「我是歌手②」，這四個字絲毫不在下風。前段時間，這風靡一時的大型歌唱真人秀節目，吊足了許多台灣民眾的胃口。在台灣已經過氣的歌星，諸如林志炫、辛曉琪、彭佳慧等，登上這個舞臺後，在大陸瞬間成為炙手可熱的一線人物。該節目被台灣媒體大肆炒作後，甚至讓民進黨當做話柄，稱其為統戰工具，摻入了政治的口水。

說這些，我想要表達的只是：這個炫目的舞臺，就在長沙。

作為歌手的製作方，湖南衛視在大陸是家喻戶曉、收視率最高的地方電臺，它儼然成了這個城市的軟性地標。湖南衛視主要以娛樂節目揚名，最開始有一檔節目叫做《快樂大本營》，極盡鬧騰本領，秉著娛樂至死③的姿態，迅速走紅，遭到全國觀眾追捧。可以看到，只是這麼一個電視臺就賦予了這個城市娛樂屬性。

由於以前的工作單位在長沙有不少建設項目，我需要不定期造訪工地現場，於是與這個城市有了很多次接觸的機會。每次在長沙轉悠④，總可以發現大大小小洗腳按摩店，它出現的頻率幾乎快要趕上臺灣的飲品店。在大陸，這種形式的營業場所，會招致人的有色眼光，在很多城市，它只是掛著羊頭賣狗肉。之前，有過這番經歷，誤打誤撞，被寬衣解帶後差點束手就擒，倉皇之下，奪門而出。所以起初，還有些戒備心理的，後在友人的慫恿之下，以一個成年男人的心態，推門而入，即便再誤入雷區，引燃它也無妨。事實證明，這個跟遍及大城小市散發著粉紅色的溫州洗頭按摩房不一樣，在這裡釋放的是更是一種生活態度，而非情色交易。其實，在街頭小巷四處可見帶有色情圖案卡片的長沙，洗浴按摩店也根本沒有必要融入這個職能。還記得，在長沙賓館住宿的那幾晚，我房間門縫裡被塞過二位數以上的卡片。

吃倘若超越了基本的生理需求，也便成了一種娛樂行為。湘菜的威名自然不用多說，在

---

①與「攻」相對，形容男同性戀中充當女方者。

②大陸湖南衛視從韓國引進的大型歌唱真人秀節目。

③這個詞彙源於尼爾・波茲曼（Neil Postman）所著的《娛樂至死》（Amusing Ourselves to Death）一書，指現實社會的一切公眾話語日漸以娛樂的方式出現，並成為一種文化精神。我們的政治、宗教、新聞、體育、教育和商業都心甘情願的成為娛樂的附庸，成為一種追求表象、歡樂和激情的電視時代，而我們都成了一個娛樂至死的物種。

④漫步、閒晃。

大陸的任何一個城市，你都可以輕易發現以湘菜為主打的餐館，手撕包菜、剁椒魚頭已經成為路人皆知的菜式。在長沙，有這麼一個地方，以具象空間的方式承載了這個城市的味覺體驗。位於黃興步行街邊的火宮殿，作為湖南風味小吃的濃縮場所，讓造訪長沙的外來客不忍錯過。當然，擴大經營是成功企業的必由之路，在其他地方，它也具有分店。需要有心理準備的是，作為臭豆腐之鄉的長沙，這裡的天空時常會飄蕩著讓人既愛又恨的味道。

通常，沿著長沙的馬路行走，在街道美學上不會發現它的亮點，甚至找不到值得稱道的地方。可是出了步行街，在附近的一個地方，拐進巷口，你會馬上改變這種看法，作為保護長沙古城的歷史街區，太平街被改造後，植入了很多酒吧，酒吧逐漸成了這裡的核心凝聚力。在長沙，酒吧文化占據了濃重一筆，除了太平街以外，另外還有兩條街成為酒吧聚集區，長沙酒吧的特色是不僅量多，而且集中。在酒吧混，如何能裝得像個本地人，朋友曾支過一招：用手中打火機撬開啤酒瓶蓋，放入一顆檳榔，觀察兩個本身就很濃烈的食物產生氣泡後，一飲而盡，稱這就是比「威士忌兌綠茶⑤」還要本土的酒吧喝法。檳榔，注意是檳榔。這是湖南與台灣共通的地方，在整個大陸，唯有湖南這個地方對檳榔情有獨鍾，檳榔西施是台灣的特色文化，而在長沙，這裡的民眾對檳榔的嗜好有著另一種表達，在街角的任何一個報刊亭都可以輕易買到檳榔，它成了長沙人生活的必需品，基本上可以和辣椒齊平。

有人總結出對長沙到位的生活體驗，即「洗一次腳，泡一次吧，聽一次歌，吃一餐夜宵」。前面提到了泡腳、泡吧、吃飯，現在唯有聽歌這項基本活動沒有涉及了。歌廳並非常規的KTV，作為長沙特有的文化現象，它成為民眾娛樂消遣的重要方式。聰明的長沙人探尋出一種傳統劇院與夜總會結合的模式，避開了民眾對雅的疏遠，也繞過了民眾對俗的不屑，編演了一系列高雅藝術與市井文化交互的草根節目，將本土文化與娛樂節目糅合，實現了雅俗共賞。作為成功典範，田漢大劇院的顧客常常連綿不絕、絡繹不斷。一些紮根於長沙歌廳的人，諸如奇志⑥、大兵⑦一撥人，逐漸走向了湖南，登上央視春晚的舞臺，被全國觀眾所熟知，只是他們始終沒法與東北的鄉土幫抗衡，進進出出，無法成為主流，劃下的那一筆始終不夠濃。只是，在如今的長沙，歌廳已經被泛化，包容了各種營業場所，時常淪為聲色犬馬的地方。這是個壞事，也是個好事。

吃喝玩樂，成為這城市民眾的常態，娛樂精神賦予了這個城市悠然自得。大俗通雅，只要俗得文明，俗得健康，俗得藝術，如果能俗成一種特色，俗成一種味道，這樣的方式未嘗

⑤ 調酒，威士忌調綠茶。
⑥ 原名楊奇峙，著名相聲演員。
⑦ 原名任軍，湖南相聲演員，與奇志合作相聲，被稱為黃金搭檔。

不可。顯然，長沙已經把「俗」演繹成一種文化，進而衍變為一種格調。

知足常樂以後，往往致使前進的動力不旺。過強的娛樂精神，有時會為經濟增長帶來些微負面影響。湖南的經濟建設算不上發達地區，比上不足比下有餘，由於臨近珠三角，早些年，很多人選擇南下成了新移民，在廣州和深圳有不少朋友的父輩都是湖南出身，他們所從事的工作往往是屬於腦力層面，於此呈對比的是它的鄰居江西，以及安徽和河南，這三個省分南下的人，通常是靠從事體力勞動謀生。以此可見，它們之間呈現明顯的級差梯度。武廣高鐵⑧開通後，廣州與長沙之間一下便捷了很多，兩個小時即可抵達，兩地往來更加密切。就建設市場而言，可見到諸多財團與開發商集體南下，尋找更優秀的設計資源，我也正源於此機會得以多次以公務事宜往返長沙。這對湖南而言，是個提升的好機遇。

其實，第一次身臨長沙，我對它的娛樂精神倒沒有過深感觸，反而更多地看到這個城市的另一面。那年，我作為一個高考剛結束的學生，面臨著等待錄取結果的無限冗長，焦躁不安。於是，跟隨一個同學輾轉武漢前往長沙，他在湖南大學的哥哥可以負責照應。寄宿在他哥哥的學生宿舍，提前感受一下大學生活。登完嶽麓山，觀畢嶽麓書院，不得不讚歎湖南大學的千年沉澱。在這兩個場所，那個時候，湖南大學學生可以通行無阻，而其他人員通常要購買門票，我們曾從小路繞入，結果偽裝湖大學生未遂，在山頂被罰補門票。對於一個高校而言，國家4A級重點風景名勝區嶽麓山成了後花園，國家5A級⑨旅遊區嶽麓書院成了其自宅庭院，真是奢華無限。遺憾的是，今日的湖南大學遠遠匹配不上當年嶽麓書院的知名度，沒能成為一等一的學府。在校園核心顯著的區域有一個東方紅廣場，上面樹立了老毛的雕像，湖大這樣做似乎順理成章，畢竟這裡是老毛的故鄉。然而，在很多高校都可以見到毛先生的高大身影，尤其北方，這純粹是個人英雄崇拜時代的遺物，毫無鄉情可言了。有趣的是，在南方很多高校，時常可以見到孫中山的雕像，毛先生沒有了市場。

毛先生在長沙的地盤不是獨一無二的，在橘子洲頭他擁有的可不止是一席之地。二〇〇九年，毛澤東青年藝術雕塑落成，高三十二米，長八十三米，寬四十一米，基座占地達三千五百平方米，成為全中國最大的具象人物雕像，排場堪比北韓平壤萬壽臺廣場傲挺的金正日與金日成父子。我第一次身臨長沙是二〇〇三年，那時在橘子洲頭上面，還是以山水綠林鳥語花香為主導的景象，騎著腳踏車，穿越成片的橘子林，來到洲頭盡端，望著湘江碧水，腦海中尚能浮現沁園春中「看萬山紅遍，層林盡染，漫江碧透，百舸爭流」的景象，而如今風頭被一尊巨大的灰色冰冷石雕像搶盡，不知道毛先生若在地上水晶棺內有知的話，是否能夠

⑧連接武漢與廣州的高速鐵路，自二〇〇九年底開始營運。
⑨大陸旅遊景區依質量等級劃分為五級，從高到低依次為5A、4A、3A、2A、A級旅遊景區。

原諒後人用他自己毀掉了他心中的那一抹靚麗風景。長沙用這六年的時間，讓我從最初對橘子洲頭的流連忘返變成了不屑一顧。

那年盛夏，湘江清澈明淨，某天，出了湖大，拐到江邊，見到一些學生在湘江游泳尋歡，我毫不猶豫地跳了進去，那一江碧水讓人一見傾心，尤其在黃濁不堪的長江作參照物的情況下。我始終覺得，一個理想的城市要擁有一座知名的山和一條寬闊的河，山來承載這個城市的厚重與綠意，水來孕育這個城市的文明和靈動，在這點上，長沙比起其他的城市，做到不能更好。

墮落與浪漫

馮葉

人們常說長沙缺少文化沉澱，因為文夕大火①？即便文夕大火燃盡了大半個長沙城，如今錯落有致的嶽麓山與嶽麓書院也能為這個城市的人文撐起一片天空。

高中、大學、研究生，我的生活範圍都在嶽麓山腳下，這被我視為榮幸。高中時期，出了校門就能直上嶽麓山，學校沒有操場，我們的一切跑步運動就是跑上嶽麓山，再跑下來，整個途中，城市在自己眼前起伏延綿，蒼翠的千年古樹頻頻閃現。進入大學後，拿著湖南大學的學生證，可以隨意進出嶽麓書院，在這個書香聖地，閉目傾聽，古人的朗朗書聲便會飄然而起，搖頭吟詩的情形也會穿越千年浮現。

湖南大學，正是在嶽麓書院的歷史根基上成長起來的，所以它有著千年學府的稱號，冠絕全國。說到湖南大學，有一個地方不得不提，它就是墮落街。其實這條街並沒有漫長的歷

①又稱長沙大火，是長沙歷史上毀壞規模最大的一次全城人為性質的火災，也讓長沙與史達林格勒、廣島和長崎一起成為第二次世界大戰中毀壞最嚴重的城市。

史，相對於嶽麓書院的千年歲月，它不值一提。這條街也沒有什麼厚重的文化，相對於嶽麓山從山腳到山頂的儒釋道文化，它淺薄得有點空洞。可是，這條街卻承載著青春以及與青春相關的日子，它彙集了年輕人曾經在這裡讀書和生活的情感與記憶。

「墮落街」其實叫牌樓口，或者桃子湖路。九幾年的時候，它只是一條通向湘江邊的路，路兩邊都是水溝，幾乎沒有店鋪。據說最早在這條街上做生意的是一些大學生，開網吧，更確切一點就是遊戲吧。後來住在街上的原居民也跟著學了起來，慢慢的卡拉OK、錄影廳、舞廳、桌球室，都有了，當然最多的是餐館。這裡自然也成為這一地區周邊高校學生的聚集之地。後來某報的一個記者寫了一篇關於這條街的負面報導〈湖南大學有條墮落街〉，卻使得這條街馳名遠揚，從此「墮落街」就成了這條街的名字。

其實，很多東西不過是猜疑者的意淫罷了，墮落不墮落，來過便知。墮落街不過是條短短的街道，擁擠而狹窄，老民居改造的店鋪破舊而簡陋，更不要談什麼街道美學。街道兩旁密集著飯店、地下歌廳、名字叫精品店的小雜貨鋪，三三兩兩背著書包下了課的人群湧入這狹窄的街道，夜晚來臨，街燈依次點亮，這時的墮落街才打開它破敗表面下的精緻與華麗。

有一位網友在回憶墮落街時這樣寫道：「畢業以後，我依舊找機會晃蕩在這條街上，回憶我們逝去的、不怕天不怕地的青蔥歲月。一邊回想墮落街上的最後一頓散夥飯，一邊看看這條留下深刻印象的老街，看它繁華如舊，看它青春長在。在我們心中，它更多的時候，不是一條無所不能的休閒小街，我們的生活也不因這三個字而真正『墮落』下去，它給我們更多的感受，是那種無憂無慮、快樂生活的享受過程，以及給了我們無處釋放的青春一個宣洩的藉口。青春無敵，墮落街也就成了烙刻在許多河西學子心靈深處的時代印章。」

如今墮落街已不在，就如同我們的青春，永遠在回憶裡。

墮落街只是這娛樂至死之都的一個縮影，較之其他城市，長沙的娛樂業有著絕對的優勢。長沙人在娛樂領域的消費支出，比起其他城市，占據總收入的更大比重。時常有友人從外地來，詢問墮落街的娛樂項目，詢問洗腳城，詢問歌廳演藝廳。其實早年大家熟知的演藝廳，本土人或已很少出入，只是名聲在江湖上久了，外地友人來還是會進去捧個人氣。

酒吧街，是這個城市在娛樂至死路上的一次蔓延。在一條不足一公里、名叫解放西的路上，有著大大小小幾十家酒吧。淩晨一點夜生活才剛剛開始，狂躁的音樂，騷動的身體，在形形色色的迷幻裡尋找棲息之地，在醉生夢死之間，揮耗著青春，填補生活的空洞。就在這條酒吧街的旁邊，與之平行的人民西路上，另外一種商業業態也慢慢走向成熟。長沙政府在改造步行街時，拓寬了人民西路，原來在街巷裡的那些幾層樓小民居，一躍成為主幹道旁的商業主力軍。眾多的偽文青和小資們將這些可愛的小樓改造成咖啡館，一時間，這裡也有了個響亮的名字——小資街。

最近網上流傳著一個「新四大俗」的段子，即「城裡開咖啡館、辭職去西藏、麗江開客棧、騎行318」。以往，這四件事都是文藝範兒才會去做的事情，而現在似乎成了很多追求夢想的年輕人想做的事。可是別忘了，做的人多了也就平常了，也就俗了。

好吧，一不小心我也成了俗人，並且樂此不疲。

五年前，我還是建築學研究生一年級的學生，卻不務正業地開起了咖啡館。那時這條街上還只有一兩家咖啡館，從開始籌備到完成裝修開業，四個月的時間，周邊已經蹭蹭蹭地新增了四五家咖啡店。酒吧紮堆②，有了著名的酒吧街，這裡有了幾家咖啡館之後，也開始紮堆了。我單純地希望，在長沙也能有上海巨鹿路那樣的小資風情，可是我忘了，吃才是長沙人在酒吧以外的另一大愛好。五年後，人民西路上的咖啡館大多已經變成小資風情的私房菜館，在彌漫著咖啡香的咖啡館裡，吃著滿盆辣椒的湘菜，那場景趣味又和諧的存在著。

可這裡的咖啡館依舊是個有趣、有愛、有故事的場所。我時常在店裡，做得最多的事情就是假裝成客人，坐在角落的八號台，看進進出出的人們，竊聽他們的私語。每天這裡都有不同的故事上演，當然也包括我自己的。

那年十月，我的咖啡館才剛剛開張幾個星期。每天我都會待在店內，親自做服務生，為客人點單，甚至是聊天。記得那天下著小雨，一絲絲陰冷在這初秋的午後飄晃，已是下午了卻還沒來一位客人，我焦急地站在門口張望，這時兩男兩女駐足在店門前的臺階，還在徘徊進與不進時，我打開了門說了聲歡迎光臨。或許是因為我的舉動讓他們覺得如果退回去了會有些尷尬，帶著一絲猶豫終於還是進來了。我領他們到了天臺的玻璃房，還沒有坐下，看了一眼功能表③，便提出否有折扣等要求，我一口答應，要知道在開業初期你是不會放過任何一位客戶的。再次上去給他們送飲品時，其中一位年長一點的男士問我是不是兼職假期工的，我回答我是這裡的老闆，那兩位女士笑了起來，說怪不得提那麼多要求都能一口答應。大家簡單閒聊了幾句後，發現原來他們是英國某著名設計機構的，因為某個專案來長沙出差，五分鐘後三位都拿出了自己的名片遞上，不好意思的我只好拿了張牛皮紙簡單寫下自己的名字和電話。在我上去送飲品到聊天的十多分鐘裡，有一位一直在外抽煙的男人。等我下去之後，突然收到一條短信，上面寫道：「我是某某，是某某公司的。」心想這人是否不正常。

後來這位當時我覺得不正常的人變成了我先生。

②聚集。
③菜單。

當二囍邀請我寫這篇文章時，我問我先生，長沙對於你來說是怎樣的一座城市。他說，是有妳的地方。確實如此，幾年前為了我放棄所有，來到一個完全陌生的地方，從零開始。一座城，一個人。有那個人在，你的心就會踏實，有那個人在，這個城市的一切才是美好。

廣東・廣州

十年

「白雲山高，珠江水長。」這是我在高中時期就諳熟的一句歌詞，它用江與山勾勒了一個廣州城。只是，這句話來自中山大學的校歌，而非我的母校。高中三年，我以中山大學為奮鬥目標，將未來城市鎖定在廣州，最終卻陰差陽錯來到了同城高校華南理工大學。

二〇〇三年，身臨廣州後，我發現的不僅僅是珠江水臭，它完全不如湘江般清澈而可以下去游泳；我發現的不僅僅是白雲山矮，它在高度和氣勢上遠不及陽明山。在我明白整句歌詞只是一個玩笑的同時，更是深刻地體會到，這裡儼然就是另一個世界。在這裡，水裡游的魚，岸邊長的樹，全然陌生，都叫不上名稱，而粵語對我而言，純粹就是一門外語，身邊同學的談話內容，我基本上一竅不通，那時我甚至希望他們的母語是英語，這樣至少我可以聽懂一些。最開始的那一年，那種異域的跨度感遠遠大於上一年我從廣州來到台中。

從二〇〇三年至今，掐指一算，十年整。

廣州十年，我看著這個城市成長，乃至突變。它也從我曾經眼中的異域變成了今日心中的故鄉，即便迄今為止我這個南下者對粵語仍尚未掌握靈通，對這裡的一些次文化也尚不能產生共鳴。

十年前，整個大陸僅有四個城市擁有地鐵，另外三個是北京、上海、天津，全為直轄市。在廣州，我實現了地鐵的處女行，那時候我衡量一個大城市的重要標準就是看它有無地鐵。如今，廣州的地鐵營運線路四通八達，甚至盤根交錯，從過去的輔助功能晉升為主要交通工具，而其他二三線城市也成批地開通地鐵。

十年前，珠江新城是鮮有所聞的村落與荒野，很少人觸及。成為工地後，那裡開始日夜轟鳴，期間，我作為駐場人員，為廣州歌劇院服役一年，在臨建的簡易板房內，看著這個城市，一點一點揭開綠紗，換上新顏，一個廣州版的台北信義區拔地而起，幾乎在瞬間完成。即便很多時候我對大刀闊斧的粗暴建設充滿怨念，可偶爾也會為這個城市的日新月異而讚歎。

十年前，小穀圍島①還是個世外桃源，有萬畝良田。大學城橫空出世，改變了這個城市的年齡分佈格局，讓那裡成為了最青春的一塊區域。廣州用短短三年的時間，完成了一個三十五萬人口的城市建設量。可惜，由於規劃欠佳導致道路混亂不清，宛如迷宮，很多為了追

① 位於廣州市番禺區北部，四面環水，風景秀麗。

求島內姑娘的寂寞漢子，不辭辛勞，跨江登島後，常常迷失其中，而使得摳女②把妹效率大打折扣。

這些改變，不止是之於廣州，事實上，它是整個大陸城市的時代縮影，類似的舉措也在其他城市同樣上演。在追隨城建大潮的同時，廣州還塑造諸多屬於自己的獨特東西，這是其他城市不可複製，及不可比擬的。

廣州地處嶺南，偏居一隅，遠離政治核心。在遠古時期，廣州的歷史地位並不濃重，嶺南甚至被視為蠻夷之地，朝廷下放的囚犯，都被發配於此，當時蘇東坡遭人陷害後，就被發配到毗鄰廣州的惠州。但是在近代史上，尤其清朝以後，廣州的城市地位晉級了，甚至變得無可代替。這點正好與南京的古今地位顛倒。由於有距離作為屏障，這裡有了更寬鬆的土壤，不用經受北方文化的侵蝕，孕育出獨我的世界，形成迥然相異且相得益彰的嶺南文化。

這點尤其體現在語言上，粵語作為廣州人的母語，在所有漢族族群的主流方言中，它與普通話的差異幾乎是最大的，也是影響力最廣、適用範圍最大的大陸方言。即便歸化於普通話以後，也形成了別具一格的廣普，具有濃厚的特色。譬如男生一律用「靚仔」稱呼，女生一律用「靚女」代替，這是其他地區所不具備的方式。初入大學時期，經常被這種甜言蜜語迷惑，後來才覺悟到那只是一種自作多情。而早些年，廣州人的普通話水準不高，磕磕絆絆的廣普時常遭到北方民眾取笑。記得初入大學時，問及隔壁宿舍同學的名字，他用普通話說了三次以後，我依舊不清楚他叫什麼，再問下去，無論對他的口語還是我的聽力都是一種傷害，只好不懂裝懂，然後溜回宿舍從其他人口中得知。

對於絕大部份的大陸地區而言，作為政治中心與文化中心的北京才是核心，央視是所有電視節目的主導頻道，那裡的民眾常年身處於央視的籠罩，央視的春節晚會就是一個有力的憑據，每年幾乎成了每個家庭的居家必備。但是在廣州，央視鮮有市場，這裡的人很少看央視，他們熱衷的是鳳凰台、翡翠台等。他們的焦距是在香港，接收的是香港文化輻射。在他們的世界裡，沒有趙本山③，甚至沒有崔健④，而這幾號人物在大陸其他區域作為人人皆知的主流明星，可是噪翻天，這種宛若兩個世界的文化隔閡，是我之前萬萬沒有料到的，我甚至懷疑這裡是不是中國的疆土。北方人追捧的東西，在這裡往往會遭到嗤之以鼻，像是有著一道海峽在隔離著雙方。以廣州為核心的整個嶺南地區，形成了獨具一格的文化體系，與北方文化齊放，呈現一種南北抗衡的態勢。不過，隨著外來人口與在地居民的共融，這種文化

②廣東話，指勾搭女生。
③著名小品演員，笑星。
④中國大陸搖滾的開山之人，被稱為中國搖滾教父。

隔牆的厚度也正在消弱。

不用過於遭受政治力量的制衡，毗鄰香港，得以更接近自由的天空，呼吸民主的氣息，這使得廣州煥發出一種不同於北方的氣息，這點尤其體現在媒體上。廣州的媒體是整個大陸最擅於發出負面聲音的一方，以南方報系為代表，加之新銳期刊雜誌《新週刊》，它們熱衷於揭露社會滿目瘡痍的一面，而不是頌揚。頻繁地推崇西方，鄙夷本土，這也為自己落下了罵名，被左派人士指責為崇洋媚外的狗漢奸，而在更多人眼中，它們被視為有良心的媒體。於是，這種良心開始被變相利用。這是一個有趣的現象，廣州這些年成為了跳橋自殺的表演場。很多外地民眾，或因討債未遂、或因孩子走失、或因投訴無門、或因遭遇不公，都爬上珠江上的大橋，用死亡作為籌碼，用生命綁架公共道義，試圖博取媒體關注，藉以昭雪沉冤。海珠橋被戒嚴後，就轉移到其他的橋，前兩天剛剛有一場在獵德大橋上演。這個事情防不勝防，氾濫之後，頻繁的交通堵塞開始負面影響了居民的常規生活，遭到的多是指責，而非同情。這類似於前段時間，大陸民眾為了懸而未決的朱令案，去白宮網站聯合署名，以期超過十萬人而讓美國作出回應，為受害者洗冤。某種意義上來講，廣州在中國大陸內擔當著白宮的角色，這是一種困擾，也是一種榮譽。

廣州不是最優的，但在任何一個佼佼者面前，都可以做到不卑不亢，比照對象包括香港。

一定程度上，廣州和深圳不同，它與香港不是依附的主次關係，而是相互依靠的兄弟關係，它可以保留相對獨立的尊嚴，不會在巨無霸的香港面前顯得低三下四而處於被動。事實上，香港的主流語言是粵語，沿用廣東人的東西，在這點上，香港算是廣州的小弟。作為改革開放的排頭兵，廣東，尤其廣州，走在最前沿。這個大哥做得似乎還算成功，沒有怎麼留下　名，在兄弟之中具有一定的威信。經濟水準和城市建設上，廣州與北京上海雖有一定差距，但尚處於同一層面，而在口碑上，廣州呈現的是更低調，更包容。敢為人先的精神，往往可以搏得喝彩，在提倡公佈官員財產這爭議性的問題上，廣州正在釋放著最強音。這幾年，它在體育界繼續扮演著帶頭大哥的角色，在男人的世界裡，用一支蟬聯中超⑤冠軍的足球隊，一支雄霸CBA⑥的籃球隊，為這個城市贏得了最實在、最炙熱的喝彩。

與台灣呈鮮明對比的是，廣州是一座沒有摩托車的城市。早些年，不法分子利用摩托車作為作案工具，在擦肩而過的剎那搶奪民眾財物，然後絕塵而去，當這種飛車黨案件得不到有效遏制而氾濫之後，當局政府作出封殺摩托車的極端決定。摩托車這種平民交通工具，作為市井氣息的承載物，被取締以後，讓這個城市徒填了一絲冰冷。從飛車黨的肆虐橫行，也

⑤中國足球超級聯賽。
⑥中國男子籃球職業聯賽的英文縮寫。

可以看出治安問題在廣州是一個凸顯的特徵。社會治安不好，一直是廣州廣為詬病的地方，廣州火車站曾被譽為世界上最亂的火車站，很多初入廣州的外來客，在剛踏上廣州的第一時間就成了廣場上魚龍混雜的為非作歹之徒的刀下客。很多外來務工者，不安於通過合理途徑謀取錢財，頻繁製造事端觸及法律紅線。

在廣州，有著另一個特殊群體的外來工，他們也是社會治安問題的多發區。在我曾上班的地方，只要加班超過十二點，就可見到整個區域被黑人佔領，非法停留的他們習慣在夜色下活動，同時，街邊有很多不同膚色的妖嬈站街女可任由選用。廣州作為一個國際性都市，同樣也集聚著諸多外國人，但是在膚色上，與上海、北京呈現不同，黑膚色的外國人占據絕大部份比重，他們多是來自非洲、美洲地區，從事貿易生意，而非商務人士。這點上，延續了廣州十三行⑦當初興盛的景象，也界定出了與其他城市的不同格調。

它沒有上海因高貴而流露出的傲氣，也沒有北京因權利而釋放出的冰冷，更沒有深圳因年輕而嶄露出的淺薄。但是，這個城市顯然稱不上理想，更談不上完美，它有著諸多的負面，甚至不堪，只是，與大陸其他城市比較起來，它是一塊明朗的地方，一個更接近文明社會的地方。

⑦清朝時期在廣州設立的對外貿易商行。

西關小姐，東山少爺

中威

當我談論廣州時，我該談些什麼，這個命題深深地困擾著我。當有人讓我談談廣州時，我竟然一下子說不出個所以然，這對作為一個土生土長廣州人的我來說，著實是一件比較尷尬的事兒。

我之所以不知道該談些什麼的原因，不是因為廣州這地方乏善可陳，恰恰相反，就我而言，廣州有太多太多值得介紹的東西了，所以才會一時之間不知道該從何說起。就好比一個前後左右延伸出四條大道的十字路口，四塊路牌上分別寫著文化、經濟、歷史和社會。我站在十字路口中心被選擇艱難症①折磨的暈頭轉向。

也罷，那就談談廣州的路吧。

在眾多格式為「廣州的ＸＸ」的選項裡面，例如廣州的美食、廣州的氣候等等，廣州

①或稱「選擇恐懼」，面對選擇時會異常艱難，無法正常做出自己滿意的選擇，在幾個選擇中必須做出決定的時候很恐慌，驚慌失措，甚至汗流浹背，最後還是無法選擇，導致對於選擇產生某程度上的恐懼。

的路名往往是最不起眼、容易被人忽略的一個。我很多外地朋友，當他們因為這樣那樣的原因來到廣州時，唯一的共同點是，出入總是依靠GPS，錢包裡揣著能直接給司機看的酒店名片，或者任由我擺佈，我說去哪兒就去哪兒，從來沒人去留意自己正在走的那條具體叫做什麼路。就算廣州本地人也好，想必也是大部分從沒想過要特別留心什麼路名。

但其實，廣州的古往今來，廣州的本土文化，廣州的一切，統統體現在這些看似平凡卻極具特色的路名裡了。

凡路必有名。廣州的路名，要說是包羅萬象也當之無愧。我說的可是真真正正的當之無愧。因為拋開幾乎每個城市都有的北京路、光復路、建設路之類的不談，在廣州現有或者曾有過的、林林總總或奇異或常規的路名裡面，僅僅以數位②開頭的，便可以輕鬆從一數到萬：一德路取義「一德立而百善從」，二沙頭原只是一片臨江沙地，而今卻承載了廣州的繁華，三寓路上曾經住了叱吒一方的三大豪門；五山路從山群中鋪展開，六榕路上有個六榕寺，六榕寺盛名在外迎來了初唐四傑中的一傑——王勃，和蘇老夫子蘇東坡；八旗二馬路既是廣州這地方人口遷徙的歷史印證，也是八旗會館舊址所在，九曲巷終難免一俗只取其字面意；十三行既是享譽四方的昌盛商行也是一直保存至今的一個路名，而若要在廣州迎娶新娘，當地婚嫁風俗裡不得不守的一大規矩就是，不管從哪裡出發、順路與否，花車隊伍都必須開到百子橫路和萬福路上溜一圈，寓意子孫滿堂，萬福安康。

為什麼這些數字路名裡沒有四和七，因為在廣府文化中，四和七這兩個數字暗示著不吉祥。廣府人不待見③這兩個數位，自然也少有以這兩個數位命名的廣府街道了。不得不說，廣州的路名裡滿滿的全是廣府人特色。

廣州的路名裡面還沉澱了這個城市的經歷和故事。起義路紀念著民國十六年在此爆發的廣州起義④，直到現在還能在這條路上看到廣州蘇維埃政府⑤舊址；三元里街時刻提醒著廣州人不要忘記鴉片戰爭中三元里人民英勇抗英的慘烈場面；而六二三路，全廣州唯一以純數字為名的一條路，更是一字不漏的記述了沉甸甸的沙基慘案⑥。

諸如此類。

---

② 數的位置，台灣稱為「位數」。
③ 喜愛。
④ 指中國國民黨在一九二七年實行武力清黨後，與中國共產黨在廣州發生的武裝衝突，共產黨稱為「起義」，國民黨稱為「暴動」。
⑤ 一九二七年中國共產黨在廣東省會公安局設立的第二個蘇維埃政府（第一個是「海陸豐蘇維埃」），是第一個設立在城市地區的蘇維埃，後來有人以巴黎公社為前例，把廣州蘇維埃稱為「廣州公社」，現為「廣州起義紀念館」。
⑥ 指一九二五年六月二十三日廣州罷工工人遊行至沙面租界對岸的沙基西橋口時，與士兵爆發衝突，後來英國士兵開槍鎮壓遊行隊伍的事件，又稱「六二三事件」。

廣州總共有多少條大大小小的路我是沒有數過，也許有上萬條吧，二十多年來我也從未走遍廣州所有的路。那何苦偏要談起什麼「廣州的路」呢？這麼說吧，若要我來說一個能在最短的時間內粗略看遍廣州特色的辦法，我會說，只要到兩條路上——上下九路和寺貝通津街——去走走逛逛，就可以了。

因為廣州的文化特色基本可以一語概括——西關小姐，東山少爺。

先說西關小姐。當這個詞還沒被賦予現在通用的那個意義時，在粵語裡，「小姐」一詞原指出身富商之家的大家閨秀。西關自明清時期便是廣州最為繁盛的商貿之地，出身西關，住在大屋裡的金枝玉葉們出身優良，從小便見慣了擺滿街頭的繁華，自然是紅飛翠舞，卻也蕙質蘭心。西關小姐，代表著純廣州風味的繁華，也代表著廣州文化中「柔」的一面，傳統而內秀。

上下九路，便是這老西關的風情縮影。雖然它本身已逐漸演變成了一條惡俗的商業街，但是以上九路和下九路為中心擴展開去的每一條街、每一條巷，甚至每一棟樓，都少不了一段讓人津津樂道的歷史故事。這裡有最傳統的廣式月餅、最美味的腸粉和牛雜，有最像樣的廣式騎樓，有西關大屋，也有已經停業了的老戲院。從上下九路開始往一個方向走，便會經過十三行、六二三路，一直延伸到長提大馬路。若離開主幹道，穿梭於小巷之中，沿著麻石板路慢慢逛，說不定在你沒注意到的功夫裡，就走到了藝術氣息濃郁的嶺南藝苑門前，運氣好的話，還能看到搬著個小凳子、坐在自家房子高高的木門前面、乘涼的老人家，或者在前庭晾衣服的婦女。這些都是保留至今、最原汁原味的廣州老西關生活形態。

若說上下九路恰到好處地展示了西關小姐的綽約風姿，那麼寺貝通津街就完美無缺地顯現了東山少爺的君子貴氣。東山其實是廣州的一個行政區。之所以叫做東山，是因為舊時這裡曾有過一座東山寺。曾經居住過許許多多名門望族。與西關的喧鬧繁華不同，這裡寧靜致遠，文化氣息濃厚，東山少爺的稱號也由此叫響。他們風度翩翩，氣宇軒昂，既是當時的風華一代，也是廣州文化中「剛」的代表——高貴，傲雅。

寺貝通津街其名已是大雅。這是個意境極美的名字：「津」指的是碼頭，而「貝」則是美化後的「背」，寺貝通津街，就是寺院背後通往碼頭的這麼一條街。

在廣州近年來飛速的大改革中，很多一貫沿用的名字已經被取消或者改得面目全非，甚至連東山區這一行政區域也已隨著東山寺消失，不復存在。只有寺貝通津街，帶著揮不散的少爺氣味，一直保留至今。

與西關上下九路上密密麻麻的騎樓或者古色古香的西關大屋不同的是，寺貝通津街上全是清一色中西合璧風格的小洋樓。小軒窗，紅磚牆，扶疏花影，樹蔭層層，連學校和教堂都無一例外。

這些小洋樓中的一部分，現在已經變成了妝點精緻的酒吧或者畫廊。入夜後的寺貝通津街倍顯寧靜，亮著暖黃或者粉粉顏色燈光的酒吧們隔三差五的點綴在街道兩邊，處處透著東山大少般貴氣逼人的影子。

若走完上下九路，再閒步寺貝通津街，很容易讓人產生一種「這根本就是截然不同的兩個城市」的錯覺。

的確，西關小姐與東山少爺一靜一動，一柔一剛，一個婉約羞澀，一個高貴驕傲，本來就是兩種大相徑庭的氣質。但是，廣州卻把這兩種看似矛盾的感覺完美地融合在一起，使之成為了廣州特色的不二代名詞。

當廣州已經三改五建一年一變，幾乎已經變得面目全非的時候，小姐和少爺依然以閒庭獨步的姿態靜靜佇立在他們原來的位置，遙相對望，泰然自若，笑看風雲翻捲、世事變遷。小姐們和少爺們在鼎盛時代一直保持的低調，終換來世事變遷仍寵辱不驚的淡定。

而今的廣州，發展快速得讓人咋舌，當然也一日比一日更現代化，更像一個合格的國際化大都市了。

但我卻總是覺得，這樣的廣州，更像是繁華褪盡的西關小姐，只剩曾經富貴的東山少爺。我做不到西關小姐般淡定，雖然心裡明白，不管廣州的樣子再怎麼變化，哪怕熟悉的地名正在一個個消失，越來越多的老樓被豪華的大廈取代，甚至越來越多的人開始說普通話，老廣州人們也能一眼認出：是的，這還是原來那個廣州；但是每當看著廣州近年來越來越快速的發展過程，其中不得不被捨棄掉、種種帶著廣府氣息的東西時，還是會打從心底難過不已。

六榕無樹記東坡⑦的滋味，也許真的只有老廣州人才會懂吧。

在這種廣州不斷拋下舊日包袱，輕裝前進，飛速發展的時候，也許唯一的安慰是：只要有西關小姐，東山少爺，老廣味道便不會消散。

畢竟，稱謂盡改路還在。

⑦六榕路上的六榕寺歷史悠久，建於梁國武帝蕭衍時，名為「保莊嚴寺」，南漢時改為「長壽寺」，宋太宗時重修為「淨慧寺」，後來毀於火災，於宋哲宗年間重建。宋元符三年，蘇軾北貶到嶺南，由海南返北方時經過廣州，淨慧寺僧人慕名邀請題字，蘇東坡見寺內有六顆枝葉繁盛的古榕，遂提筆寫下「六榕」二字。明成祖永樂九年，淨慧寺改名「六榕寺」至今。蘇東坡所題匾額現在仍掛於寺門，而大門有一副對聯寫「一塔有碑留博士，六榕無樹記東坡」，是民國初年順德文人岑學侶為紀念蘇東坡所題。

廣東 · 深圳

大陸前臉，香港後臀

在漢語世界裡，曾經，識得「圳」這個字的人簡直是牛逼①；如今，不識得圳這個字的人幾乎是傻逼。深圳這個城市向世人普及了一個圳字，即便它的原意只是微不足道的田間水溝。而深圳恰恰就是在這田間水溝的基礎上，像被施了魔法一樣，搖身一變成為了國際性大都市，從一九七九年建市到聲名響徹世界，它只用了三十年。

深圳速度②被當做美譽，而深圳的誕生也成為了這個世界上獨一無二的奇跡。「一九七九年，那是一個春天，有一位老人在中國的南海邊畫了一個圈，神話般地崛起座座城，奇跡般聚起座座金山③。」這位為奇跡施法的老人是當時的國家領導人鄧小平，南巡那年，他把深圳劃為改革開放的試驗田，指定其為經濟特區，從此漁村走上了騰飛道路。隨後，深圳成為了淘金聖地，無數仁人志士齊湧南下，於是外來人口成了城市的主力軍。那時，特區是一個光環，讓很多人趨之若鶩。而特區也是一道界限，早期過去深圳並不是一件便捷的事情，記得二〇〇三年第一次從廣州過去深圳，還需要辦理邊防證④，如同現在大陸現在過去香港，要走一個程式一樣。好在，那個時代已經結束。

深圳作為廣東地區異軍突起的區域，它的文化體系遊離於廣府文化、潮汕文化與客家文化三種嶺南傳統文化之外，成為了第四者。比起其他的城市，深圳的原住民少之又少，在以外來移民者為主導的情況下，曾經的在地文化被融入諸多的外來氣息，逐漸塑造出了一種深圳特有的文化。由於民眾多為北方來的南下者，所以在深圳有著諸多的南北共融，甚至是雜糅，這是它有別於廣州的。北方的一些明星，在這裡更能展現引力，譬如崔健在深圳一定比在廣州紅。因此可以說，在嶺南地區，深圳是一座最北方的南方城市。

深圳是當之無愧的最大的移民城市，每到春節期間，從未有哪個城市的住房空置率可以趕上深圳，年假那幾天，民眾紛紛返鄉，整個城市街道冷清、很多地方空曠無人，這與平日

---

① 母牛生殖器「牛屄」的俗寫，也作「牛B」，原為不雅的漢語粗口，但近年來逐漸被年輕人採用為「厲害」的修飾之意，這種狀況與轉化用法類似台灣人的「屌」字。

② 「深圳速度」，是中國大陸形容建設速度非常快的一個詞，出自一九八二年十一月至一九八五年十二月的三十七個月期間，建設公司在承建深圳國際貿易中心大廈時，創下了三天蓋一層樓的速度，這在當時是絕無僅有的。

③ 出自中國民眾耳熟能詳的歌曲《春天的故事》，歌詞描述鄧小平創建深圳特區的事蹟，但背後意義其實是他在一九七九年提出的改革開放政策。

④ 公民在進出國家一些邊境地區時，由當地邊防大隊來辦理的一種證件。

的繁華興盛呈現強烈的反差對比。由於擁有外來者多，深圳具備開放包容的品格。粵語的使用率比起廣州要低出很多，這更方便外來者融入社會；既然都是外來客，自然不好意思歧視外來者，深圳成為了最不歧視外來者的一線城市。但是這並不表明深圳沒有地域歧視，河南就倒在了這個槍口上。河南民眾在深圳聚集太多，一些人常常作奸犯科，這些不齒的勾當，遭人忿恨，逐漸被以偏概全，造成對河南產生偏見。於是，可以見到，深圳部份企業工廠不招收河南籍民工，深圳部份街道社區出租屋不願意租給河南人。更有甚者，不是來自民間，而是官方機關。深圳龍崗區公安曾經在轄區內懸掛出「堅決打擊河南籍敲詐勒索團夥」字樣的橫幅。結果被河南民眾告上法庭，也成為大陸首例法院正式受理的地域歧視案件。

深圳的發達不僅吸引了眾多的矜矜業業者，也吸引了大量的不務正業者，以及不勞而獲者。有個特殊而龐大的群體，他們以乞討作為職業。車站街邊氾濫著乞討者，很多時候，他們不是用不幸遭遇來激發路人的同情與慈悲，他們只是倚仗著自己的殘缺不全硬性索要財物，更誇張的是很多殘障是來自常人的偽裝，很多不幸是來自刻意的編造。社會保障機制的嚴重匱乏，使得殘疾人在身體殘缺不全的同時，心性也變得支離破碎，這勉強可以歸咎與社會，不用過於責難；而對於那些身體健全，而心靈殘缺的山寨乞討者，這則可完全歸咎為人品，理應被歧視了。在深圳，外來者不止是其他地區的民眾，更有其他地區的大學。北京大學、清華大學與哈爾濱工業大學等著名高等學府，都在深圳開闢分校，設置研究生院⑤。很多時候會給人一種錯覺，因為一個北京大學的學生，很可能是在深圳讀書。

在深圳開發的速度下，它從農田漁村，轉眼成了摩天大樓林立的摩登都市，深圳的高度也不斷被刷新。日前，深圳最高建築物京基大樓用一百樓的層數四百四十一點八米的高度超越地王大廈，成了新地標，也入圍全國前十高度。然而，城市的高度代表不了城市的深度。京基大廈，整個建築立面成了廣告牌，在這個建築地標的表皮上，碩大而無美感的LED燈字體頻繁滾動，似乎是以這樣一種鄉土的方式，來彰顯這個城市的人文欠缺與商業興盛。要承認這是一次不錯的商業策劃，它偶爾的求婚廣告也能為這個快節奏城市帶來些慢放鬆，然而它終究突顯了這個城市底蘊的缺乏。而京基大樓的第一高度，很快將被五百八十八米高的平安金融大廈所替代。

奇跡的背後也會有辛酸，歷史短暫是深圳的短板⑥。在這個快捷酒店數量驚人的多，高等學府數量驚人的少的城市，再富足的經濟水準也不能彌補內在厚重的貧瘠。倘若把整個大

⑤ 六台灣稱為研究所，港澳稱為研究院，是大學之後的進階，一般設於大學中，以「某大學某研究生院」的形式存在，也有獨立設立者。

⑥ 短處、缺點。

陸國際化，那深圳便是美國，兩者都具備歷史短暫、實力強大的特徵，它們的現代設施先進、科學技術發達，且主要靠外來移民支撐社會運轉。然而，擔當世界警察職責的美國其實並不讓人喜聞樂見，要知道，美國遊客在全世界最不招人待見⑦的遊客群體中被列為倒數第二，當然，倒數第一位被中國長期占據。無論美國多麼張狂，在歐洲面前也成不了王，它有著先天的不足。不過，歷史短暫也是有好處的，新興城市往往得以被整體全面規劃，理性的城市規劃學科在這裡發揮了積極意義，深圳的交通狀況相對會好一些，塞車不會像其他一線城市那麼嚴重。

深圳是一個富人聚集的地方，外來者以動致富，而很多在地人則可以靜致富，他們甚至不需要勞動，便可達到坐享其成。深圳曾經是大陸城市裡最農村的地方，而如今是最城市的地方，這種前後反差，導致深圳成為擁有最多城中村的一個城市。隨著外來工的越發聚集，城中村的高度和密度越發增長，村民們成了包租公，衣食無憂，旱澇保收，但是他們算不上富翁。當城市繼續發展，需要鏟平城中村，把農村集體用地轉化為國有土地，地產商要在上面大施拳腳。拆遷後，會按照村民原有建築面積置換，於是，之前的村民開始搖身變為擁有數套房產的市民，身家飆升到數千萬的村民層出不窮，上億財產的也不乏其人。

倘若資本主義社會與社會主義社會是兩個世界的話，那深圳就是世界的邊緣。深圳的崛起，幾乎完全是靠毗鄰香港這個區位優勢。在深圳，永遠都避不開香港因素。它是大陸民眾過關香港的集中地，很多時候深圳只是個中轉站，他們在提及香港的時候才念到深圳，深圳值得大陸人驕傲，但是在作為參照物的香港面前會光芒黯然，在旅遊目的地上通常不會被作為首選；鑒於香港具備良好教育資源，在車站關口，常常看到有一群特殊的年輕人，身著香港專屬的校園制服，他們作為學生，在香港讀書，在深圳生活，頻繁往返兩地。一座橋聯通兩個城市，兩個世界的距離變得觸手可及；邊緣地帶往往會是故事和事故的多發區，在緊鄰香港皇崗一帶的社區村落，被稱作二奶村，這裡眾多女人的身體上殘留著香港的痕跡。很多經常往返內地的香港人，在此包養女性，即便只是個中產階級，在這裡可以享有富人的闊綽。深圳作為大陸人的前沿陣地，很多時候卻成了香港人的後花園，甚至是後宮。在一定程度上，深圳儼然淪落為了香港的衛星城。

二奶村的消費者，不只是香港人。深圳作為經濟特區，也是諸多台商青睞的地方。早期很多台商匯集深圳，他們與香港人一樣，擁有經濟上的相對富足，以及生理上的匱乏，於是，與香港人聯手，走上了同一條路，在女人的身體上，兩岸三地匯聚。

⑦「待見」，中部和北方方言，喜歡的意思。

我與深圳

戴小犇

收到邀請已經一個月了，我覺得，這篇文章還是等我在深圳的時候寫會更有感覺。於是就在斷續數個假期回到深圳的時候，寫下了這些文字。

我的「前深圳」時期

我是一九九五年春節過後隨父母來深圳的。算下來，至今也超過十八個年頭了。然而在此之前，我對深圳的印象則是零星與片段的。

最早踏上這個城市是在一九九一年，隨爺爺參見廣交會①後順便到深圳，然而，那個時候的深圳，留在我腦海中最濃重的記憶卻是剛出火車站時那股豬屎味，以及尚未成型的火車站。而後來，九二年的時候，爸爸被派往深圳工作，使得幼年的我有過很長一段時間和爸爸分隔兩地。再然後，爺爺奶奶退休後，也依靠自己的經驗，在當時相當不拘一格選人才②的深圳，找到了不錯的職位。於是，那之間的幾個暑假我都是在深圳過的。試過住在城中村，也有一家五口擠在一個臥室的日子。當然，也有些歡樂而奇妙的經驗，比如在奶奶工作的酒樓看魚缸中的海鮮，看街上穿梭的雙層巴士，看各種沒見過的奇特商品，把世界之窗的參觀簡介倒背如流，並做著周遊世界的夢。

在那個時候，家人已經有了衝出舊有的體制、舉家遷往深圳的想法。而我，也以一個孩童的視角，觀察到這個選擇的艱辛，以及破釜沉舟的決心。

深圳的建設者大概也可以按年代分成好幾個時期，最早期的拓荒者應該是在八〇年代，而第二個高峰大概是鄧小平南巡後的九〇年代。而九五年的春節後，在究竟入讀哪所學校還沒確定的時候，我就和家人一起踏上了開往深圳的火車，離開生養我十年的故鄉。

我們不是小平爺爺在「南海邊畫了一個圈」後到深圳的第一批開拓者，然而卻也算是九二年南巡後到深圳的那一批。

我的深圳校園時光

深圳校園生活給我的第一個印象正是來自全國各地的老師，這也是那個「孔雀東南飛」

① 「中國進出口商品交易會」的簡稱。

② 指挑選人才時改變或放寬某些規定的作法。

年代的縮影。對於我這麼一個「挑老師」的學生來說，能夠在中學階段就遇到來自五湖四海又有獨特經歷的老師們，實在是一段難得的經歷，這種經歷也許也只有那個年代的深圳才能帶給我們。那些老師們有的曾執教於內地省分一些赫赫有名的高中名校實驗班，也有的曾經是大學的副教授，有的老師是海歸的研究員，也有的音樂老師創作過膾炙人口的歌曲，卻選擇放棄在故鄉的生活來深圳作為中學教師。也許對於這些過去教著「狀元級」弟子的老師，看到當時的我們會覺得我們不夠努力，也不夠聰慧。可是，我們卻在深圳這樣一個地方，這樣一個時代，在中學這麼一個難免應試教育的地方，最大限度享受了一種相容並包，集各家之長的教育環境，對我們很多人的成長而言是極為重要的。

中學的另一個經歷就是深圳的統一校服③了。這個直到今天都還是深圳長大的孩子們的集體回憶，而且成為走在街頭或是在影視作品中第一眼就能夠發現的一個標誌。比較好玩的是，來廣州上大學後，發現同鄉的一個重要途徑往往是偶遇在大學中還穿著深圳校服出沒的學生。深圳統一校服，在我們當時看來，也有抵觸或者逆反的情緒，可是十幾年過去了，反倒漸漸看得更順眼了。前段時間有段八卦，說歐美某大牌今年推出的T恤和深圳校服的夏裝配色一模一樣。

當全國人民都在集體回憶 Li Lei 和 Han Meimei ④的時候，深圳的八〇後大概是這群人中最無感的一群。因為我們當時的英語是用著另一套教材，我們回憶中的名字是Peter、Anne、Sue和Dennis Dragon等等。深圳算是比較早在小學開始英語教育的城市了，我們那個時候是小學四年級開始。而且另一個在當年無可比擬的優勢是香港的英文電視臺，在當年網路還不發達，多數電視臺的電影還是配音的時候，深圳的孩子們就已經從明珠台中看到了很多好萊塢電影和美劇。

我的「深圳與香港」

談深圳，似乎無可避免的要談到香港。而僅僅是這兩個城市的關係就足夠另寫一本書了。深圳貼著香港的區域是它最繁華的區域，而香港貼著深圳的區域則是最偏僻的郊外，很有熱臉貼著冷屁股的感覺。而很多人對香港的印象卻僅僅是香港島的天際線，以至於我有次帶一幫朋友（包括劉二囍）初到香港尖沙咀的時候，他們還以為從前的天際線是從深圳一側看到的。

③ 深圳是中國唯一推出統一校服的城市，後來大量出現即使不上學也會時常穿校服的情況，最後演變成深圳獨有的城市文化與象徵。

④ 李雷（Li Lei）和韓梅梅（Han Meimei）是中國八〇後英語教科書中主要的兩位人物，由人民教育出版社推出，於二〇〇一年改版後不再出現，所以成為中國民眾的集體記憶，後來甚至出現同名漫畫與歌曲。

最早的時候，去香港自然是相當困難的。以至於每次香港親戚回來，帶回各種新鮮事物的時候，總讓我們這些孩子心生嚮往。而在羅湖⑤送他們回港的時候又是那麼依依不捨。那個時候別說去香港了，連「中英街」，這個位於深圳沙頭角附近的小街都由於獨特的地理位置成為聞名全國的購物天堂。成為很多人來深圳的第一目的地。即使去不了香港，到邊境買買港貨，望望界碑和哨兵也不虛此行了。當然後來去香港再也不是什麼難事了，而中英街也逐漸被人忘卻。

香港回歸十周年後，深圳市民也有了個讓全國人民羨慕的特權，那就是可以辦理「一年多次」的香港旅遊簽注。使得深圳市民去香港真的可以算是「說走就走」，那邊的各種博物館、演唱會、會議展覽都可以隨時寫在深圳人的日程表上，而不用顧慮簽證次數。然而隨著國內食品安全的危機，和持續上漲的物價。去香港購物則成了很多深圳人現在的主旋律。從早期的數碼電器⑥、名牌服飾、保健藥品到後來的柴米油鹽、奶粉尿布、泡麵曲奇⑦。並在深圳無業常住人口中滋生了一個新的職業——「水客」。這是以「螞蟻搬家」的形式，一天多次往返深港帶貨「走私」的一群人。也許我們應該抱怨的是某些不合理的關稅政策，或者是某些品牌對中國大陸的不公平對待，這種職業的產生其實有它的合理性。然而，某些生活必需品在香港被一掃而空頻頻斷貨，又讓人難免發覺強大的深圳水客影響了香港的民生。於是，有些父母輩的朋友，由於「過度頻繁」地往來深圳與香港，被罰禁止進入香港一年。

在深圳房價飛漲的那幾年，有人比較深圳灣沿線和香港天水圍的房價，發現一橋之隔望著同樣海灣的住宅，深圳一側的價格居然更高。不過，當然深圳灣一側是深圳房價最貴的地方，而另一側的天水圍，則是香港一個常常被忽視的角落，直到《天水圍的日與夜》等電影的出現才讓更多人瞭解到那裡的平淡與清寒。

我的其他深圳片段

蛇口某種程度上其實是「改革開放第一炮」的所在地。然而，它又偏偏相當遠離當時以羅湖為中心的深圳市，我一直戲稱說從羅湖到香港、廣州和到蛇口花費的時間基本上是一樣的。於是，這裡就自成一體地發展成為特區中的特區，而且在蛇口發展歷史上出現過很多名言，比如：「時間就是金錢，效率就是生命」，又比如，最近被習書記捧紅的：「空談誤國，實幹興邦。」這裡曾經是深圳最適宜居住的區域，也是最早的涉外居住區，後來在城市

⑤ 羅湖口岸的簡稱，深圳與香港聯結的口岸。
⑥ 數位產品及電器。
⑦ 英文cookie的中文譯名。

大力發展的時候，人們往往抱怨這裡規劃的道路尺度不夠寬，發展受到了限制，然而又過了十幾年後，人們回頭想想蛇口，發現這種如毛細血管般細而高密度的道路系統，其實是很宜人的尺度，再加上優良的綠化系統，使得這裡長期位列深圳最適宜居住的幾個區域之一。

華僑城是深圳的另一個典範區域，這裡的發展得益於「民俗文化村」、「世界之窗」等主題公園的發展，這種類型的公園在中國其他地方都經營的十分慘澹，唯獨在深圳非常成功。其中一個很重要的原因是，深圳本身沒有在自然和歷史方面引人入勝的景點，而「深圳人」又經常有來自全國各地的親朋好友過來探訪，於是華僑城的幾個景點就成為了一個安全的必選項之一了。

有一次，我和長輩路過深圳東門，有個叫「深圳迎賓館」的地方，我問這個是賓館嗎？長輩說：這個是政府接待用的地方，只有幹部才能住在這裡。不過麒麟山莊建好之後，更高級的幹部就都住到那邊去了。有一老幹部由於特別喜歡深圳，卻又因為居住時間過長不便安排，所以政府接待辦安排他住在這裡。這位老幹部的名字叫做習仲勳⑧，當然，現在人們對他兒子的名字更為熟悉。

⑧中國大陸現任國家主席習近平之父，老一輩無產階級革命家。

北京

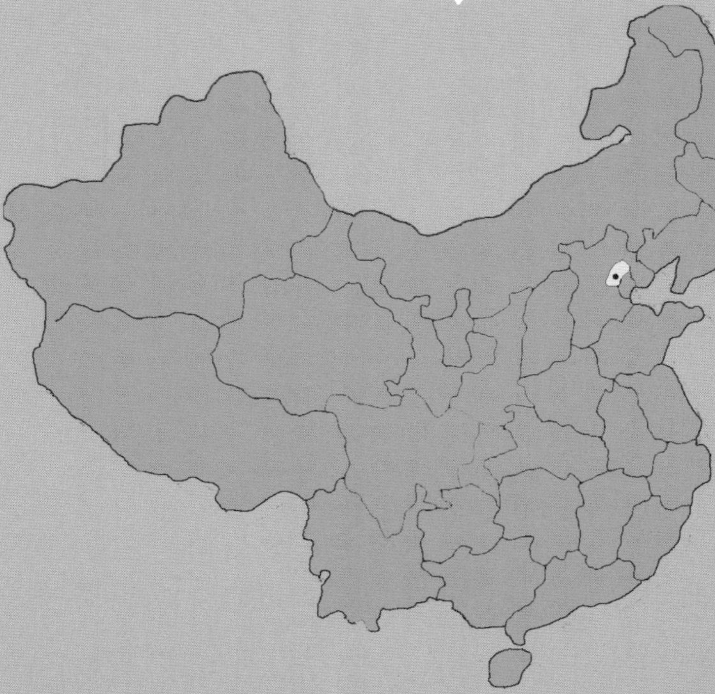

搔首弄姿的大家閨秀

從我的家鄉過去北京只需要八個小時的火車車程，而我卻用了二十年。首都北京，祖國心臟，一個被賦予了紅色氣息的地方，曾讓無數少年神往。二〇〇四年的愚人節，我出現在天安門廣場，見到了在電視畫面中無數遍出現的景象，那時我甚至不敢相信自己的眼睛，覺得是騙局一場。

第一天，流連忘返王宮聖殿，感受金碧輝煌，甚至可以憑藉古裝宮廷戲的殘留記憶還原王侯將相出沒的排場。晚上，我則回到了民間，雖說住在西單附近的繁華地帶，下榻的地方卻是無開窗不通風陰仄低矮的地下室。北京作為祖國心臟具有核心向心力，從四面八方吸引了形形色色各行各業的人彙聚，很多人作為經濟不寬裕者，需要廉價的棲身之處，於是市區內出現了大量的地下室。有別於南方城市的城中村，由於古城限制建設高度，北京採取了一種向下的方式，層出不窮的地下室成為這個城市的特徵。很多日後成名的北漂者①早年都具備地下室的經歷，而更多人，則是終生蟄伏在地平線以下，而無出頭之日。與南下相比較，北漂者身上具有更濃重的理想主義色彩，他們更多出自文化圈、藝術圈，而南下者則多為現實主義，很多人的出發點是商業利益。

這是一個春暖花開的季節，柳樹已經冒出新芽，些微的柳絮隨風飄散，春蟬剛剛脫殼，化為知了開始鳴叫，路邊五彩繽紛的花在競相綻放。而這個時候廣州已經進入炎炎夏日，東北正普降暴雪。這一年，得幸沙塵暴來得晚一些，可以有藍天白雲綠樹清風。我踩著單車徜徉在這北方的春天裡，撒著歡兒，繞著護城河，兜著四合院。那時，城市裡雖然已經有四合院的斷壁殘垣，可還是可以與大量四合院偶遇，能夠享受到邂逅的驚喜。

在我看來，古韻當屬這個城市最突出、最優等的氣質，然而北京的這個個性卻正在逐漸泯滅。曾經有機會齊名羅馬比肩巴黎的古城，五〇年代，梁思成②提出完整保留古城的規劃策略，倡導另開闢土地作為新城，可惜未予採納，城市命運被改寫。近代史上的大興土木，撕裂了一張大家閨秀的臉，拋棄了金釵銀簪、摒除了金玉花獸、掀翻了雕龍鏤鳳，開始穿上了奇裝異服，戴上了亮晶晶、金閃閃的大鼻環與粗項鏈。如今古裝換新顏，國家大劇院突兀地趴伏在天安門附近、大褲衩在東三環上張牙舞爪、建外銀河 SOHO 如外星異物般潛伏在東二

① 從其他地方來到北京奮鬥的異鄉人。

② 著名的建築學家和建築教育家，梁啟超之子。

環、盤古大廈的飛龍在天幾乎要亮瞎人眼，五花八門的奇怪建築物讓這個城市妖嬈，如同幫林徽因③整了一襲粉紅色網襪，外加一個低胸大露背。即便她內在悶騷渴望釋放，也只適合在梁思成或徐志摩面前搔首弄姿，而不宜面向普世大眾。當傳統古都變為繁華都市，北平成了北京。只有每當純白的大雪，遮罩住繽紛城市的喧囂與浮華，它才會成為人見人愛的北平。

跨著單車，哼著小調，繞著老北京，順著長安街，走過天安門，來到中南海大門口。停放好單車，走到大門口拍照留念，直接被衛兵驅逐，勒令快速離開。眼下經受的這個冷遇只算是冰山一角，由於政治力量的存在，在這個城市時常會感受到略顯冰冷與沉重。寬闊的長安街就在釋放著一種冰冷，無論是街道本身的大尺度，還是路邊互不禮讓爭鳴鬥奇的新建築，都顯得不近人情。北京的冷，還體現在本地人與外地人之間的距離感上，北京是整個大陸地區入籍門檻最高的地方，一張戶口簿就界定出了北京爺與外地逼④，劃分出天上人間。過去，紫禁城裡的男人掌握了這個國家數百年的命運，皇權賦予了他們成為人中之王，如今，皇氣在京城上空至今瀰漫不散，惠澤了這裡的民眾。他們長期占據核心的位置，享用著各種優等資源，擁有各種便利條件，對不少人而言，這沾上皇氣就宛若鍍了層金，雖非出身皇室血統，身為格格阿哥，自我感覺卻相當良好，時常有著淩駕於別人之上的優越感。北京小爺一出場，滿嘴京片子，張口傻逼⑤，閉口麻痹，流裡流氣，趾高氣揚，一副跩跩的模樣。當然不要被這氣場忽悠到，很多時候，那個只是表象，深入交流後會發現，這幫小爺也只是嘴上逞快活，內在還是存留著熱情奔放，時間久了，也便能感受到那些貧嘴⑥裡面的詼諧與逗樂。但是不可否認，很多北京人在初始階段油腔滑調的痞性很難給人親近的踏實感。

就連在城鄉反差不強烈，以及不存在戶籍制度的台灣，不少台北民眾都會具有一定的優越感，認為台北市以外為鄉下，台北市以南都是南部，每次到南部都像是出國。所以，無論是狂妄自大，還是趾高氣揚，放在北京，也都算合情合理，甚至是順理成章了。北京雖說是全國人民建設的北京，可有時北京就是局部人的北京，就像北京大學幾乎成了北京人的大學，很多北京人考進北京大學，那不過是水到渠成的事，而對於城外的人來講，那簡直是祖墳上冒了青煙⑦。如果說屁股決定腦袋，那屁股在一定程度上同樣決定前途。

前陣子，繼豬投上海⑧以後，上演了沙逼北京，整個帝都一下成了吸煙室，睜眼不見天

③著名女建築師，詩人，作家，梁思成第一任妻子。
④北京人對外地人的歧視性稱呼。
⑤京罵，粗口，多用作名詞，形容極端傻的，愚蠢的和白癡的人，中國大陸最通行的罵人用語。
⑥愛多說廢話或開玩笑的話。
⑦指三生有幸，出乎意料的結果。
⑧源於黃浦江漂浮著上千頭被投放的死豬，諧音「豬頭」。

日，出行都要帶防毒面具。空氣質量是北京的硬傷，霧霾籠罩的北京，讓人心生退卻，不會覺得這裡會是久留之地。這並非個案特例的偶然事件，每年春季，鑒於北方土地沙漠化，以及本地生態環境破壞嚴重，北京都會伴著春風習慣性遭受沙塵暴侵襲，在塵埃瀰漫的日子裡，為這個城市敲響餵人民服霧⑨的警鐘。與沙漠的抗爭，這是春天的故事。而到了夏天，故事則是海洋主題。每當下暴雨，內陸北京就成為了海濱城市，小區住宅則都成了海景房。作為一個國際性大都市，基本的排水基礎設施嚴重滯後，下水道給外在國際形象添了堵，也給城市內在良心抹了黑。當然，排水系統不暢，在其他的城市也會有類似情況，可北京則攤上大事了。二〇一二年七月，北京的一場暴雨奪走了七十九條生命，能想像到這事可能發生在大陸，但絕對想不到這會發生在八面威風的皇城。

拋開古城這一風華絕倫的氣質，搖身轉往繁華大都市的方向。但是倘若北京想躋身世界一線大都市，這兩點必須加強：改善空氣質量，修繕排水系統。多幹些靠譜的實事，不能只有空把式⑩。

春天的北京是沙漠，夏天的北京是海洋，冬天的北京是北平，那秋天的北京或許是紅葉了。「停車坐愛楓林晚，霜葉紅於二月花」，這千古名句激發人們對楓葉的遐想。北京香山的楓葉，成為我少年時代浪漫情懷的承載物，高中時期還曾邀約友伴，大學以後齊聚香山言歡，只是，早期的浪漫情懷早已經被現實情況所埋葬，如今，時過境遷，舊情已斷。每到深秋，楓葉成了北京最迷人的色彩，在香山以外，也有著數不盡數的地方一片火紅。除了楓葉，還有銀杏，漫山遍野的一片紅名聲雖響亮，但散落在各個角落的一抹黃才更具代表性。作為一個長期生活在北回歸線以南的人，生命中久違秋季，我很期待北京的秋天。

如果說到台灣民眾最瞭解的大陸城市，那很可能就是北京了。作為首都，它是大陸對外的視窗，傾全民之囊而建設的北京城，在各方面都會處於巔峰，它的成就，也無需我去讚頌或吹捧。無論北京多遭一些人不待見，多遭一些人埋汰，再是眼中釘，再是肉中刺，對芸芸眾生而言，依舊是最牛逼閃閃亮瞎人眼的那一個，讓外地逼趨之若鶩，引無數英雄競折腰，他們寧願待在地下室空守終生，也不願捨棄而去。這點足可見其魅力。

後奧運會時代的北京，快馬奔騰，日新月異，我沒有近距離感受過，不過並沒有遺憾，對我而言，帝都的魅力是老北平，而非新北京。

⑨中國大陸常遭遇霾害，所以大陸網民習慣以「十面霾伏」稱之，而毛澤東所提倡的「為人民服務」，就被戲稱為「餵人民服霧」。

⑩沒有實際意義的行為。

北京的冬

翩翩

北京是這麼一座複雜的城市，它在吧，你總覺得它冷漠、無情，多少次走到重複的街上都覺得陌生。可你離開它，又好像有什麼心情放在那裡了，需要你回去澆灌，去讓它開出花來。

冬日裡裹著大棉襖，在凜冽的寒風裡衝進熱騰騰的羊蠍子店，羊肉都是最有嚼勁又不膩的肋巴條①，蘸上麻油和芝麻醬，再要上兩瓶北京二鍋頭和北冰洋汽水，在口沫噴濺裡聽外地老鄉們聊著家長裡短。

鉛灰色的瓦牆上掛著大紅燈籠，雖未到年關，已有了新年的氣象。

小店內人聲鼎沸，小店外也是熱鬧得猶如逛廟會的景象：抱著冰糖葫蘆的老頭，紅豔豔的冰糖葫蘆上掛著黃稠的糖絲，一路吆喝著「冰糖葫蘆咧～～」一路趕路；地鐵站口，大鋁鍋裡累著大苞米②，拾一個揣兜裡③，就像隨身帶了個小暖爐；流浪貓瞪著寶石色的眼珠子，被人群匆匆的腳步，嚇的一激靈④，鑽到了光禿禿的梧桐樹下，一會兒就沒了影。

京 北京

北京的風，不像南方的風，繞在身上粘兮兮的，大風突起的直接痛快，把瓦簷上的蒿草吹的東搖西晃……公車排著長龍，碾碎積雪，雖車多人多，抬頭卻還是能看到空曠的天，兩邊的高樓並沒有陰了視線。

有人趿著腳，耳朵上帶著嘻哈青年的大耳機。有姑娘穿著七、八〇年代的復古花裙、帶墊肩的印花襯衣、高腰擴腳褲、郵差包，長卷髮捋向右肩。操著京片子的大爺大媽們，笑吟吟地打著招呼，提著掛著冰霜的蔬菜水果，注視著一輛又一輛裝著「紙片人」的公車駛進車站。人群像炸開鍋了似地跑向站牌，在推搡和咒 裡擠上了車。一輛車蹣跚著開走了，一輛車又壓到了黃線上，然後掉出一群烏泱泱面孔頹然的人們，四散到城市的各個角落裡……。

這是北京的冬，車窗裡反射著路燈的光暈，時而有三兩隻麻雀跳下樹幹，在社區的空地上撿拾遺漏的吃食。天空不見了白鴿，但胡同裡似乎還回蕩著「呼爾呼爾」的鴿哨。復興門、西直門、阜成門、前門……地鐵裡女聲聲調平平地一站站報幕著，人群像被篩子篩出去一樣一茬茬地更替，沒有人在乎在另一個人身上曾發生或正在發生著怎樣的故事。

---

① 肋骨，北京方言。
② 大苞米，玉米，北京方言。
③ 揣兜里，放進口袋裡，北京方言。
④ 一激靈，指收驚嚇猛然抖動，北京方言。

有人提著箱子，拐過東四十條胡同，北新街的鹵煮攤和7-11便利店，大街上隨處可見隨時在告別的年輕人。也有農民工提著纖維袋，袋口露出棉胎的一角，穿著軍綠色的解放靴，懷下是臉龐凍得彤紅的孩子，孩子被炸成狗穗花似的香腸吸引，欲走未走的看著。鐘鼓樓已不再報時，但歲月仍繼續走，低矮的平房四合院裡堆著花盆和自行車，槐樹杈上的鳥籠蓋著黑布，飲水盆上還黏著根褐白相間的羽毛。大清早五、六點的光景，就飄出路邊小攤碩大麵餅的香味兒。要三兩根炸得酥脆的焦圈，一碗外地人要捏著鼻子喝的酸豆汁兒，再從自家的醬缸裡掏出個胖滾滾的大醬菜，切絲、灑在稀飯裡，呼啦啦地喝到肚子裡。多冷的天氣，都有了暖意。

朱瓦紅牆的故宮裡，永遠有遊客不耐倦的驚歎聲。西單和動物園的立交橋下，小販們提著黑塑膠袋子，在沒有指揮的馬路上攢成了一堆，快速而慢悠地跑向了另一條街。

這就是北京，忙碌而又悠閒的北京。你可以把時間擠成苞米穀子，一粒粒地數著度過，你也可以把時間拉成揪片子，一股氣地趕著度過。

總有人抱怨北京空氣不好、交通擁堵，生存壓力大，但若離開了北京，又都會感慨地說：在那，我有歸屬感，北京是我的第二個故鄉。北京人忒多了，但就是因為忒多的人，也造就了不驚不怪的大氣；管你是在地鐵裡為搶座打的掐肉扯頭髮，還是裸奔在天橋下；管你是穿著大褲衩，蹬個大涼拖的老外，還是油漆味未散的民工；管你是古著嘻哈英倫搖滾文藝二逼普通，還是開寶馬奧迪金鏈纏身家財萬貫，你在他人的眼裡不過是一秒就忘的風景。來過北京的人，都有種滲到骨子裡的不慌亂。就像一隻貓已游過了大海，你再把它淹回澡盆裡，它也僅是高傲而冷漠地望著你。

北京的大，足以隱藏一個人的毛病，那些在家鄉會受別人另眼看待的毛病，在北京都可以一一表現出來。北京是一座怪胎與精英齊備的城市，而區分怪胎和精英的辦法就是——天曉得？你可以選擇在這紮向張口閉口必是成功學的優異人士圈子，也可以盤個腿，坐在地鐵站口或胡同口，或三里屯、前海後海的酒吧裡，砸吧砸吧⑤煙，要上紮啤⑥烤串，聽聽歌、吹吹相聲，做把胡同串子⑦，或就是聽路人們呼哧呼哧的吵架、聊天、摟著脖子吧嗒吧嗒的接吻聲，鼻子裡冒出一縷縷白煙，也是好的。

外地人都想住下北京的胡同，北京的美從來不是燈火璀璨的高樓大廈，也不是來去如風的車水馬龍。挑一個午後，坐在大雜院的陽光裡逗下嗅著花香的貓，和路口的老大爺們下兩

⑤象聲詞，原指吃東西時發出的身影，引申為吃。
⑥沒有經過發酵的啤酒。
⑦指生活在胡同中，喜歡聊八卦，串門聊天的人。

三盤棋，和北京的大媽們嘮嗑嘮嗑「您吃了嗎？」在層層浸染的紅色藤蔓和玉蘭梨花香裡逛逛公園、溜溜彎……。

老話說：「北京城有名的胡同三千六，沒名兒的胡同賽牛毛」，到而今滿打滿算北京留下來的胡同也不超過一千五百條。陳凱歌的短劇《百花深處》裡，老北京城中，一條已經不復存在的老胡同，在導演鏡頭下成為了無力補救的遺憾。隨著風鈴、獅頭門閂、老街坊們的散去，北平已不再是老舍和梁實秋散文裡，那個街上有雜耍吆喝、一碗炒肝都能感受到世事的變遷、戲園子裡真有戲曲大師的北平了，只有奔波在兩地一線的人，還偶爾能在靜謐的趕路深夜，和八、九點的光斑照到榕樹葉上時，想起──呵，這才是我夢見過的北京。

老北京人說：胡同可能是蒙古語「忽洞格」的音譯──水井的意思。七六年前房子還規整些，然後大家都蓋小棚小廚房，就成大雜院了。俗語「天井魚缸柿子樹，肥貓瘦狗胖丫頭」，大雜院裡一般都有花草，一般也沒啥名貴的，但伺弄的人都很精心。春夏季節，丁香忍冬玉簪花啥的各種香氣隱隱襲來。也有搭棚子種葫蘆絲瓜豆角的，連吃帶看。房頂上經常會有貓，還有黃鼠狼，夏天樹上的「吊死鬼兒」可以嚇唬人（槐樹上的蟲子，春天的時候吐絲掉下來，青色的）。有調皮的人就逮這「吊死鬼兒」往人衣服裡扔，或三五成群上樹揪桑葉養蠶、擼桑椹兒、打棗兒……傳統老房子的窗戶不是玻璃，所以冬天的時候要糊紙，夏天要換紗。夏天時地會潮，還有土鱉（黑褐色圓形昆蟲，正面是個硬殼，像甲蟲一樣，背面像蟑螂，在牆角潮濕的地方呆著）會爬出來。暴雨時候，簷子上的水落下來，宛如水簾。冬天來了要準備爐子，買煙筒，裝煙筒，風門⑧，挖坑放冬儲大白菜，一家買二百多斤存著。

早先的北京還有沙塵暴和燒煤油爐子，每年冬天北京都會下沒膝的雪，晚上一家人吃完飯，從南鑼鼓巷走到荷花市場（現在的什麼海酒吧）處遛彎。南鑼鼓巷過去有個醬油廠，周圍都是醬油味，有些小孩不情願地嘟著嘴被家人喚出，拿個空碗去合作社買一毛錢的黃醬，覺得無趣了，就找上大院的幾個禿小子，彈球兒⑨、拍洋畫兒⑩、砍包兒⑪、踢鍋兒⑫、或者趴在張自忠路老段府邊上那一對兒獅子上滑滑梯，獅子那時給人磨的叫一個油光水滑！不像現在灰突突的，活像贗品。

住在胡同裡的一般是兩類人，一種是土生土長的老北京土著，舉手投足都帶有濃厚的皇城遺風，另一種是外來戶，某某開國功臣及其家屬。街坊鄰居是一種複雜的存在，會在背

⑧ 紙板或三合板製作、安在門窗上的通風換氣設備，主要用作冬季生火取暖時防止煤氣中毒。
⑨ 一種北京彈球遊戲。
⑩ 用手拍卡片的遊戲。
⑪ 丟沙包，北京方言。
⑫ 一種沙包遊戲。

後亂嚼舌根，可真要有什麼事兒，也是會幫忙的。出門進門，一路打著招呼就好像回家，連蹲廁所在此處打了照面還是會友好地頂著臭氣噓寒問暖。嘿！一句「您慢走~」，就足讓人在寒冷的冬天暖了心窩。

遼寧 · 瀋陽

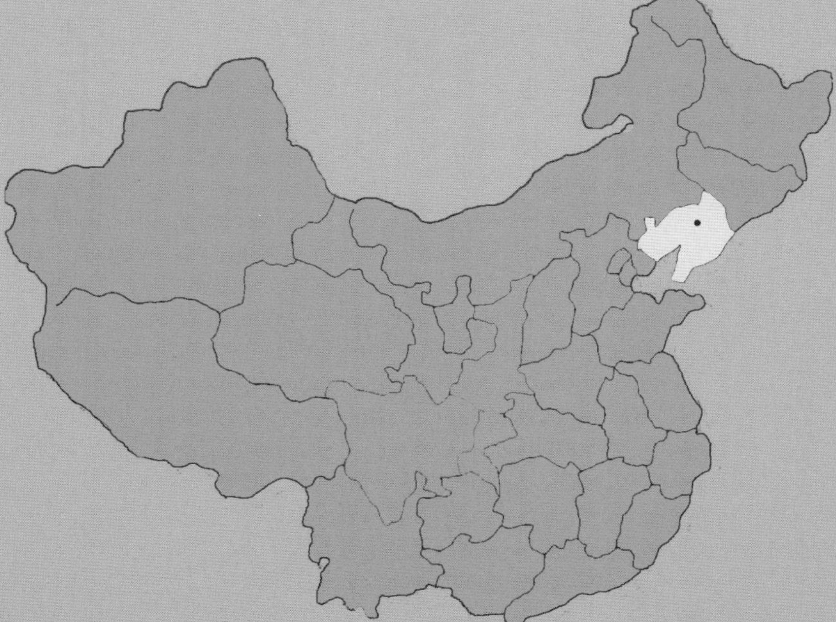

俺們那旮旯都是東北人①

本來買了火車票去長春，始發站②北京站，由於沒見過世面，鬧不清北京西站與北京站，一根筋跑去了北京西站，錯過了火車，只好改乘大巴客運。因為沒有直達車，只有在瀋陽中轉，那索性就在瀋陽兜幾圈。

剛出車站，抬頭一看，就是一個碩大無比的銅錢。方圓大廈，一個以古錢幣作為造型的辦公大樓，早已揚名海外，威震四方。這棟建築物可以將瀋陽與台北連接起來，因為作為眾人皆知的建築物，它與台北 101 大樓一樣，都是出自台灣知名建築師李祖元的手筆。不同的是，101 大樓雖然不能成為傑作，但尚能憑藉傲人的高度作為地標建築而得到大部份人認可，而方圓大廈則憑藉奇特形體被列為全球十大最醜建築物之一。通過一個建築物，雖無法衡量建築師的水準，但也足以看出甲方的品味，他們有足夠的勇氣接受這種銅臭煥發的趣味。

從另一個角度上，這是接地氣③的體現。東北的黑土地④是個接地氣的地方，而這號人物舉不勝舉，民間二人轉⑤演員，公眾舞臺的小品演員，在整個東北，最為百姓熟知的一個人，非趙本山⑥莫屬了。這位先生可以憑藉一己之力，可以將遼寧十名開外⑦的城市推廣為全球知名城市。東北的揚名，很大程度上得益於中央電視臺的舞臺，每年春節晚會，東北幫的戲份占據半壁江山，而常年在所有節目中霸居一哥地位的趙本山，更是重中之重。平日裡，中央一台黃金劇場的《鄉村愛情故事》、《劉老根大舞臺》等，將東北鄉土氣息的農村生活呈現給世人，而這些風靡的電視劇均出自瀋陽南郊的本山影視基地。其地方文化領袖的地位類似台灣的林懷民，與之不同的是林懷民從事的屬於雅文化，而趙本山弘揚的是民間俗文化，俗到淋漓盡致，俗到根深入骨，當俗文化成為招牌名片，演化為城市標籤後，這成了

①東北話中常見的詞語，意為角落、地方。
②指發車地點。
③本義是「接土地之氣」，泛指與環境的關聯，但一般也用於指稱「老百姓的生活」，也就是「貼近或反映老百姓的真實生活」。
④東北特有的土壤資源，土質肥沃。
⑤亦稱「東北二人轉」，舊時稱為「地蹦子」、「蹦蹦戲」、「秧歌」、「小落子」、「小秧歌」、「雙玩藝」、「過口」、「風柳」、「春歌」、「半班戲」、「雙條邊曲」等，一九五二年定名為「二人轉」。是中國東北地區的走場類曲藝、地方戲，廣泛流傳於吉林省、遼寧省、黑龍江省及內蒙古自治區部分地區。
⑥喜劇表演藝術家，連續多年獲中央電視台春節晚會一等獎。
⑦以外。

一件既喜又悲的事。遼寧需要感謝他，他提高了這個地方的知名度；然而遼寧也需要責怨他，它給這個地方貼上了淺俗的標籤。

大本營在瀋陽的趙本山，門徒眾生，勢力龐大，稱得上是東三省地霸，只是他的霸權僅限在娛樂文化領域。近代史上，在瀋陽出現過另一個統領東三省的人物，一代美男少將張學良的父親張作霖，作為地方軍閥，是名至實歸的地霸。他們一家在當時可是影響了整個中華民國的格局。

歷史繼續再往前翻些，會見到另外一個大人物，努爾哈赤，作為大清朝的奠基人與締造者，由於出身遼寧，將權利集中在瀋陽附近，生前著手興建皇宮，清朝遷都北京後，皇宮被改為行宮。乾隆時期，又有較大規模的改建與增建。這使得瀋陽成了除北京以外擁有最多清朝文化古跡的城市，得益於此，瀋陽在歷史文化名城的行列中占據了濃重一筆。

在瀋陽，除了大銅錢，除了故宮院，還有一個建築物為眾人所知，尤其對中國球迷而言，它具有深度意義。位於瀋陽青年大街的五里河體育場，二〇〇一年作為中國足球隊成功進軍世界盃的最後一站，它為久旱逢甘霖的國人帶來狂喜，讓瀋陽這個城市成為了中國足球的福地，也讓五里河這個地方名詞為世人所知，只可惜二〇〇七年，這個功勳建築被拆除了。其實，足球福地不止是體現在那唯一一次有中國身影的世界盃，瀋陽這個城市為中國足球輸送了很多優秀球員，曾經綠茵場上的鐵人、現在恆大足球隊教練組唯一的中方成員李鐵⑧，以及屢次榮膺中國足球先生、現國家足球隊隊長鄭智⑨均來自瀋陽。

一九四九年以後，歷史文化讓步於工業建設，瀋陽成為重點建設的重工業城市，在鐵西區，寬廣的廠房與高聳的煙囪成為了這個城市的驕傲，一度引領這個城市走向輝煌。然而，隨著面臨經濟體制轉型，計劃經濟改革革掉了眾多國企的命，八〇年代工業基地開始走向沒落，鐵西區大量國有企業破產倒閉，造成大量工人下崗失業、經濟困難，鐵西區的生態環境與社會治安也嚴重惡化。記得在剛入大學，一位來自瀋陽的同學，曾向我們講過當地人關於鐵西區的段子「想操逼到鐵西，一碗冷面操倆逼」，描述當地充斥著廉價流鶯娼妓。新華社記者吳曉波，在鐵西區調研⑩，那時鐵西區正作為下崗⑪問題的重災區，他稱聽聞「當時鐵西區很多工人家庭全家下崗，生活無著，妻子被迫去洗浴場⑫做皮肉生意，傍晚時分，丈夫用破自行車馱她至場外，妻子入內，十幾位大老爺們兒就在外面吸悶煙，午夜下班，再用車

⑧原中國國家足球隊隊員，曾效力英超聯賽埃弗頓俱樂部。
⑨中國足球運動員，國家隊隊長，獲二〇一三年亞洲足球先生。
⑩「調查研究」的簡稱
⑪中國大陸特有的名詞，即退下工作崗位，指在中國國有企業機構改革中失去工作的工人，他們扔屬於工廠單位，但沒有工資，實際上等同失業，情況有點類似台灣的「無薪假」狀態，是一種變相失業。
⑫提供沐浴的休閒場所，或有提供特殊服務。

默默駄回。」這事並不遙遠，調研時間就在二〇〇二年，正值我身臨瀋陽的那兩年。後期，政府當局實施「振興東北老工業基地」，這座工業城市開始逐漸復甦，經濟重啟活力。這段蕭條酸苦的記憶成為這個城市的陣痛。有一點無可否認，作為失足婦女的東北小姐⑬相對較多地遍及全國各大小紅燈點，即便這不是憑藉我自己的個人經驗。

這種社會問題，略顯沉重肅穆。其實瀋陽，以及整個東北三省，都是充滿喜感的地方。這裡有很多喜感的人，只是范偉⑭、小瀋陽⑮這幾號人往人群一站，不用說話，下面就可以樂成一片。這裡有最喜感的方言，在南方地區，只要身邊的東北人一開腔，就很可能會引人發笑。最近流傳一個段子稱，東北姑娘最禮貌，她們做任何事都會詢求你的意見。例如：「我削你，你信不？」「分分鐘砍死你，知道不？」「我就操你媽，怎麼地吧？」這些即便是黃暴系列⑯，用東北腔說出來後，還是笑點十足。在廣州讀大學時，課堂上，只要那位瀋陽同學一發言，下面必然騷動一片。同樣是打招呼，粵語中喊靚仔，而東北人習慣直呼哥們；同樣是談戀愛，粵語中稱拍拖，而用東北話講成了處對象。當靚仔碰上哥們，當處對象遇到拍拖，那真是滑稽一場。

除了喜感，這還是個義氣的地方。跟東北人執行ＡＡ制⑰，那對他們而言應該算是一種折磨，他們習慣的是全場吃飯一人買單的模式，即便是錦囊羞澀，也要打腫臉充胖子，或者變相解決。在黑土地上，要是有人提議ＡＡ均攤，那其他人一定會跟他急。如果這只叫慷慨，那下面這個事必然夠格稱得上義氣了。念大學時，經常跟瀋陽同學一起在籃球場，有一次碰到操蛋⑱的對手，跟我發生爭執，其他隊友都是勸架或者後退的，唯有瀋陽人上前宣戰要幹仗，事實上，就在前幾天我跟他曾因為球權打過嘴仗，鬧到不歡而散。打架不裝孬，這是對哥們義氣的最好詮釋。而稱兄道弟，則是整個東北人的群體性格。出門在外，他們不以省籍劃分界限，只要是東北人，就全部是兄弟，是老鄉，在這片廣袤的黑土地上，老鄉的凝聚範圍很廣，凝聚力度很強。當然，在不同的語境下，義氣往往被視為匪氣。自古彪悍的民風，賦予這裡民眾匪氣，這股狠勁甚至讓肆虐全國的新疆小偷不敢來此為非作歹。他們性格直爽豪放，習慣大碗喝酒，大塊吃肉，豪放過頭後，回到家還很可能對自己女人大打出手，這裡的男人絕大部份是獅子座的性格，集聚了太多大男子主義者。

⑬從古至今，小姐一詞的內涵在發生不斷變化，在不同的時代褒貶不已。當今在中國大陸，這個詞很多時候指利用青春及肉體從事色情行業的女性，不分年齡與婚否。
⑭著名笑星，小品，影視演員。
⑮二人轉和小品演員，趙本山之徒。
⑯黃色暴力系列。
⑰意思是活動參與者要平均分擔所需費用，通常用於飲食聚會飯局或旅遊等活動場合，台灣稱為「各付各的」。
⑱北方方言，含有抱怨的意思，為不好、不理想、不滿意、倒楣、晦氣等意思。

陽春白雪

高悅祺

「奉天承運」、「天眷盛京」說的是我的家鄉——這裡位於渾河北岸，渾河古稱沈水，水南為陰，水北為陽，故稱為瀋陽。瀋陽留予世人的印象可能源於二〇〇一年的男足、劉老根大舞臺①、滿清王朝的發源地、一宮兩陵，或是留存著張學良和趙四小姐愛情故事的大帥府。如果你來到瀋陽，跟那些地方比，我更想帶你去轉轉胡魁章筆莊，看看羽毛畫，買兩包不老林糖，吃吃老四季雞架和李連貴熏肉大餅。

瀋陽特色羽毛畫汲取了國畫構圖技法，是運用禽類羽毛製成的一種工藝畫類。它絢麗多彩，形象逼真，富有濃郁的裝飾性。羽毛畫廠最初是在南湖，那時候我還未出生，聽長輩說他們時常騎車經過那裡，偶爾也會進廠觀看工人勤勤懇懇地挑選羽毛。製作羽毛畫是一個極需耐心的工程，先要把雜毛去除，再根據羽毛的色澤質感進行粘貼創作。跟老一輩上街看到羽毛畫時，他們總會提起當年的歷史，或是指著街頭販賣的工藝品說，這是什麼鳥的大概什麼部位。這些年在瀋陽能買到優質羽毛畫的地方越來越少，大部分都出口國外了。大家總是關注於新鮮的外來藝術，而忽視了最該保留的事物。

我從六歲開始學習寫意花鳥，筆墨紙硯成了生活中不可或缺的一部分。胡魁章筆莊也從那時開始走進我的世界。作為中國毛筆三傑的胡魁章以狼毫出名。青山掛雪，落筆驚風。與羽毛畫受冷落的境地不同，水墨越來越受國人重視，作為具有百年歷史的中華老字型大小，胡魁章受到了更多的關注。

說起沈城的藝術，不得不談談魯美。坐落於市中心三好街的「魯迅美術學院」時常像一位寂靜的老者。沒有大連校區十足的設計感，這裡給人的是一種莊嚴的靜謐。校門前的浮雕與院內的戰爭題材雕塑都向人們展示著它從延安魯藝一路走來的足跡。夏日裡走進校園，綠蔭片片，涼椅上從不缺少用鉛筆勾勒風景的學生。在裡面坐上一會，很少會有滴答的車鳴聲闖入耳中，仿佛置於山間無際的田野上，而不是喧嘩吵鬧的市中心。魯美靜靜地立在這裡，像是與人們訴說「大隱隱於市」的哲理。

瀋陽音樂學院毗鄰魯美，是全國最早開設流行音樂專業的院校。它獨特的教學方法和理念孕育了一大批叱吒樂壇的音樂人，如穀建芬、張咪、吳莫愁②等等。瀋陽一直就是這副樣

---

① 中國大陸知名喜劇演員趙本山創立的劇場。

② 穀建芬，當代著名女作曲家。張咪，歌手、演員。吳莫愁，中國好聲音第一季亞軍，新生代女歌手。

子，充斥著傳統與現代的交融。

東北是著名的老工業基地，瀋陽的鐵西區更是經常被人拿來和德國的魯爾區做比較。以往，鐵西區總彌漫著工廠的廢煙廢氣，給人一種灰濛濛的感覺。或許因此，瀋陽在不少人心裡留下了髒、亂、雜的印象。這些年的瀋陽變化很大，修建了地鐵，開辦了世園會，迎接過奧運會。道路兩旁綠樹成排，嶄新的柏油馬路四通八達，整個城市帶著一種蓬勃的生氣。

有同學問過我，為什麼你們瀋陽人上學、工作都不願意離開老家？我喜歡瀋陽的生活節奏，不是很快，也不是很慢，給人一種很安逸、很舒適的感覺。即便在外人看來它遍佈流露著俗文化氣息的二人轉、東北腔，是那麼的吵鬧。而在我眼中，這個沈水之陽，它除了下里巴人的鄉土文化，更有陽春白雪的風雅藝術。

我喜歡舊城的遺址，每回看到太清宮附近斑駁的城門便感到很親切。這些年每次去更發達的大城市，看著遍處破土而出的高樓大廈會覺得無所適從，便開始想念我的瀋陽。它可能錯過了很多發展機遇，也可能經濟發展不受世人認可，但我感受到的是瀋城的質樸。

瀋陽也有一些慘痛的記憶。每年的九月十八日晚上九點十八分都會警鐘長鳴，告誡人們勿忘國恥。初中時我所在學校成為當年的敲鐘儀式參與者，急切等待警鐘敲響的心情我至今還記得，看著士兵沉重的腳步，鳴鐘人緩緩舉起的雙臂，十三歲的我雖然還有些懵懂，也沒有多強的國家榮辱感，但我能深深的體會到「愛國」並不只是兩個字那麼簡單。你首先要愛自己生長的地方，要瞭解它的歷史記憶，不管是使人歡樂的還是悲痛的。我們往往只懷有大的情懷而忘記周邊的人和事物，有時離你最近的地方其實才最遙遠。

小時候，我以為有些人會從三歲陪我到七十歲，也曾幻想多年之後喜歡的炸雞店還會一直在老地方。可「生活就是一盒巧克力，你永遠不會知道將嚐到什麼樣的味道③」。幼年記憶中的瀋陽充滿綠意，家住在南運河畔，每日放學便可看到兩岸的青青柳色。中山路旁遍地白楊上落著片片烏鴉，市府旁滿是銀杏和法國梧桐，在鬥姆宮那裡還有棵近百年的古木。「夾道濃蔭直到城」是清嘉慶年間詩人張祥河對萬柳塘的評價。母親就是在那兒的旋轉階梯和父親相識的，每回聽她談起萬柳塘的柳樹漸少，取而代之的是更豔麗的迎春桃花，總能看到她眼中的傷感。

最使我感概的是瀋城的烏鴉，曾經的瀋陽一景。從中山廣場到新華廣場曾是烏鴉一條街。滿洲人祀奉烏鴉，尊其為「神鴉將軍」。因為烏鴉救小汗（努爾哈赤）的典故④，瀋陽

---

③出自電影《阿甘正傳》（Forrest Gump）的台詞。

④傳說努爾哈赤有一次被敵人追趕時，跑道一顆枯樹下躲藏，由於一群烏鴉落在樹上，追兵以為樹下不會藏人，努爾哈赤因此逃過一劫，後來便命令滿族人家家立桿，在桿頂放食物酬謝烏鴉，這個立桿稱之為「索羅桿」。

故宮有專門的烏鴉餵食處，以此表示感恩。由於大家的飼養與保護，瀋陽烏鴉得以興旺。記得南京路開始改造的時候，由於樹木不復存在，路旁的烏鴉消失了蹤影。使人有「舊時王謝堂前燕，飛入尋常百姓家」般的惆悵。

我們無法阻止這個世界改變，不止城市的步伐飛快，不知不覺印象中那樣高大的人都在瞬間已變得佝僂而矮小了。

吉林 · 長春

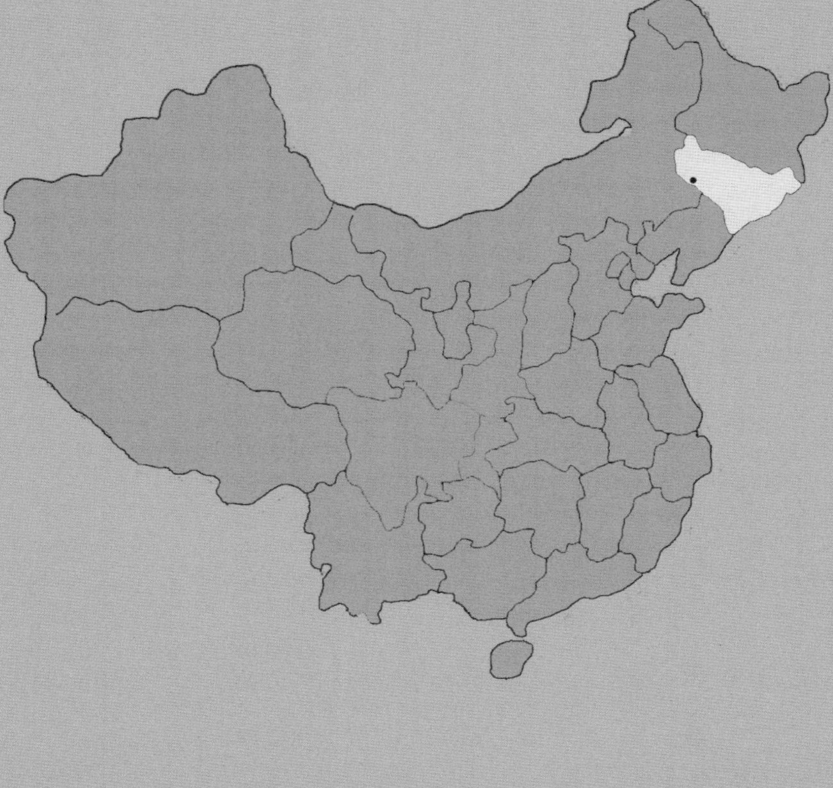

日本新京

很多年前，我曾經誤以為中山大學的地址是在中山市而非廣州市，我曾經誤以為蘇州河孕育的是蘇州市而非上海市，同樣的邏輯，我曾經誤以為吉林省的省會是吉林市而非長春市。直到在我即將踏上長春這個城市之前，當我處在二十歲的年紀，才恍然大悟，如夢初醒，長春才是吉林的省會城市，而吉林市只是吉林省曾經的省會，現在是全省第二大城市。

早前，由於地理位置相距遙遠，以及吉林省在東三省中影響力最弱，在讀大學之前，對這個省會城市長春的認知僅停留在兩點，國慶閱兵儀式上露臉的國產名牌紅旗轎車來自長春一汽汽車製造廠，以及黑白電影開端畫面顯示的長春電影製片廠，在其他方面，知之甚微。直到讀大學後，隔壁土木工程系出現了吉林人，才覺得吉林這個省分與自己的現實生活有了些牽連。跟我同級的那個女生，身高幾近一百八十釐米，體重也足以完勝多數男生，在土木工程系男女比例接近25:1，以及全班僅有兩位女生的情況下，她顯得格外顯眼。而沒過多久，上一級身高一百九十五釐米左右的彪形大漢學長成為了她的男朋友，對方和她一樣來自吉林，他們成為了建築學院史上平均身高最高以及體型最壯碩的一對，當他們攜手漫步在校園時，與南方的氣場有著強烈的違和感，也讓吾等羸弱之身自慚形穢，避而遠之。那時，會覺得在他們身上有釋放一個強烈的信號，體現在身高與體型上。我曾擔心自己身臨他們的故鄉後會過度自卑，事實證明，還好，他們並沒有代表吉林青年男女的平均水準，自己不至於顏面掃地。

二〇〇四年，四月的開端，我從步入初夏的炎炎廣州出發，經過綠意盎然、春意十足的北京，到了長春後，迎來的是漫天飛舞的大雪。一路從南往北，再偏東，前後穿越了三個季節，不得不感歎疆域的幅員遼闊。再濃重的白雪，也掩蓋不住這個城市的綠意，街道兩邊被積雪包裹的成片叢林，即便只剩下光禿禿的枝椏，它仍能彰顯自己作為森林城市的身份。在一個以寒冬著稱的地區，成為一個叫春的城市，我想，一定是它廣袤的綠意戰勝了冗長的冬季。這個城市的綠化率，在整個大陸所有城市裡，處於遙遙領先的地位，是一種顯然而然的優勢。

初到長春那天，被接待的友人帶去了一家朝鮮族飯館，我也挺樂意，心想也只有在吉林才能夠很容易吃到朝鮮族食物了，這也算是它的一個特色。天寒地凍的風雪天，飯桌上很快端來一鍋熱氣滾滾的濃湯，一碗下肚，稍感異樣，問詢後方知這是一鍋狗肉湯，我直呼不妥，對方解釋稱在東北很多人吃狗肉，尤其朝鮮族，狗肉湯算是他們飯館的例湯。我還是拒絕了他的善意，那頓飯成了我的第一次，也是唯一一次與狗肉有關的餐。隨後的一些天，頓頓飽餐，因為每次端上來的食物量都會超過我的預期，直到自己撐到再也吃不下去為止。東北菜除了喜歡燉這一特徵外，還有一點就是量多實惠，有時一份東北菜的份量甚至可以超越一桌子的粵菜。關於飲食習慣上的這幾點，也確實很貼切東北人的一些性格。

在東三省的省會城市中，長春的知名度相對較弱，這不僅源於前有狼後有虎的地理位置，也來自於自身城市發展起步較晚的歷史因素，比起瀋陽與哈爾濱，長春是一座年輕的城市。在歷史上，吉林省重點發展的城市是吉林市，直到一九五四年，吉林省的省會才更易為長春。其實，長春市之所以能夠取代吉林市，躋身為省會城市，在一定程度上，是得益於日本，只是這種得益不能被轉譯為惠澤，而無法言恩。

一九三一年九月十八日，日本發動九一八事變，翌日長春淪陷。一九三二年三月一日，由日本扶持的傀儡國家滿洲國建國，宣佈定都長春，更名為新京，於是長春成為滿洲國的經濟、文化、政治、軍事中心，也是整個東北地區的核心，由此得以高速發展。在十四年的滿洲國時期，日本國對長春進行了系統性的規劃和建設，城市面積與人口都得到長足增長，一度超越東京，被稱為亞洲第一大都市。由於整個城市的發展由日本人主導，他們定下了這個城市早期的主題框架，這使得長春在眼下來看依舊充斥著日本痕跡。在這點上，台灣的不少城市與長春有著共通之處，日據時期，台灣一些城市的發展同樣是由日本人掌控，在同一個年代，他們規劃和建設的台灣城市與建築跟長春有許多神似。

在東三省中，哈爾濱，由於毗鄰俄羅斯且與其往來頻繁，城市中有著濃鬱的蘇俄氣息，它的著名標誌性建築物聖索菲亞大教堂，是一所東正教堂，與莫斯科紅場那以洋蔥頭屋頂為特徵的建築物一脈相承；瀋陽，由於作為清兵入關前清府的所在地，至今仍殘存著不少滿清建築，渙散著宮廷之氣，引以為傲的故宮就是這一城市氣質的證明；而長春，作為日本侵略中國版圖的擴張根據地，被其重點建設和用心規劃，使其在整個大陸地區成了與日本最休戚相關的城市，城市格局與建築風格呈現獨一無二。

在我身臨長春的那幾日，穿梭在舊時稱大同大街、現稱人民大街、當時稱史達林大街的大街，我目不暇接，每次都特意讓司機放到最低速度藉以觀望這十二公里的長度。街道的兩邊集聚著整個城市一半以上的傑出建築物，與我平日所見建築相比，它們的風格超然而出。在功能和地位上，大同大街作為整個城市市區的脊樑，在規劃手法上，類似於台中的中港路，以火車站為起點，幾乎一條線貫穿整個城市。不遠處有一條與之平行的大街，舊時稱順天大街，現為新民大街，只是長度遜色了很多，僅有一點五公里。事實證明，它是濃縮的精華。順天大街早期被定性為政治中心街，在它的兩旁集中佈置了官府行政建築，諸如國務院、財政部、司法部八大部等，幾乎這裡的每一個建築物都會讓我拍手叫絕，以致於我流連忘返，用腳步往復輾轉，在順天大街走九遍。

雖說長春市區內大量的精美建築是日本人留下的，但是其建築式樣並不是日式風格，這也可能是這些作為恥辱標記的建築物在仇日情緒最濃烈的東北地區至今尚能安身立命的緣故之一吧。這些建築物以西方建築框架為主體，結合東方屋頂造型的建築式樣，被稱作「興亞式」建築，主要由日本建築師所倡導。這個亞字涵蓋東亞，既包涵有中國也有日本，在長春的興亞式建築中，些許地尊重了地域性，也融入了一些中國建築元素。興亞式建築，在一九三〇年代有著相當強的活力，很受日本執政者與建築師傾情。在台灣，興建於一九二九年，竣工於一九三四年的台北司法大廈；興建於一九三八年，完工於一九三九年的高雄市立歷史博物館，都是興亞式建築的代表，均由日本人設計。

那個年代，軍國主義的日本心懷野心與自信，企圖永久占據長春，甚至暢想五十年後遷都到長春，所以他們不遺餘力以及精益求精地對長春進行規劃與建設，以致在戰敗後為中國留下一筆財富。現在長春最拿得出手的地方，最值得驕傲的東西，就是當年日本人留下的手筆。可見，我們現階段的城市建設水準，比八十年前的列強侵略者還要遜色。我們在公開譴責它的同時，甚至還要私下感謝它，這真是一個諷刺。今日的驕傲來自曾經的恥辱，這對今天的我們而言，依舊是一個恥辱。

而我們類似的恥辱有太多。一百多年前，德國人規劃建設的青島，俄國人規劃建設的大連，在當今都博來眾人稱讚，且是後起新興城市不可企及的層面。他們作為曾經侵略者，我們今日卻要對其感恩戴德。而殖民香港與澳門的英國與葡萄牙，在撤離時候更是得到諸多感激。被人搧了一巴掌後，還要感謝對方；你的女人被別人姦淫後受孕，你的家人卻要寫封感謝信，因為你患上了不孕不育症。很多時候，這是我們的真實寫照。

最後，補充說一點。在長春郊野，有一個國家5A級旅遊風景區，名字叫做淨月潭，與台灣南投的日月潭相呼應，聲稱它們為一對姊妹潭。我猜，這結拜金蘭之事，八成是淨月潭的一廂情願。

北國丁香

武洋

生於斯，長於此，我是一個地道的長春女孩。在這座城市，生活了二十多年，有歡笑，有淚水，有著數不盡的人生百態，長春，對我來說意味著太多。

身為一個長春人，我深愛著這片土地，並不單純因為它是我的故鄉。它有著春花、夏雨、秋風、冬雪四季分明的北國風光，它的土地上承載著悠久厚重的塞外歷史，而這個城市也有著多元包容的民族文化、淳樸善良的人民、安靜恬然的節奏，這些對我而言，都是妙不可言的地方。

比起很多省會城市，長春不算大，但是它彙聚的精彩卻絲毫都不匱乏，它是一個有特點有個性的城市，可以明顯與其他城市區別開來。如果你來長春，你可以領略下古老的史達林大街（現人民大街），這是一條兩側佈置大量異域風情建築的寬敞林蔭大道，就算是在夏日炎炎也會感受到一陣清涼；如果你是冬季來長春的客人，想必一定會被當地人熱情邀請去郊外蓮花山滑雪場感受北國風光，一睹千里冰封萬里雪霜的銀白世界；如果你喜愛韓國料理，你一定要來長春領略正宗的高麗風味，吉林距離北韓僅僅一步之遙，這個城市長期生活著很多朝鮮族民眾；如果你愛台灣，那你應該也會愛上長春，因為長春和台灣的不少城市一樣，城市的規劃是由日本人主導，很多知名建築物風格都相仿。

或許，因為其他的長春人和我一樣，對這個城市充滿著愛意，以致他們不願離開。在這個城市，我身邊的很多朋友，都會在家裡的安排下，得到一份相對安穩的工作，然後結婚、生子，繼續著所謂「安穩」的人生，直至耗盡。我可以把這些理解成他們對長春的眷戀，可是即便是情深意濃，我也不願與其長相廝守，所以我決定出去走走，我想看看其他的城市，以及其他城市裡的人會是怎樣。

在讀研究生期間，我抓住了一個偶然的機會，成為交換生奔赴台灣，於是在台中的東海大學度過了一個學期的時光。這一段經歷，讓我收穫了太多，用精彩二字都顯得有點單薄。我作為一個從未離開過東北的長春女孩，早已習慣了在長春的生活節奏，在新的環境中，起初有些忐忑不安，擔心適應起來有困難。就長春的生活節奏上來講，算是大陸比較緩慢的城市之一，可是，在這個慢節奏的城市卻有著很多急性子的人，我就是其中一位。對於一個東北女孩來講，初到台灣，從北往南，幾乎在縱向上跨越了整個大陸，生活之中，常常會有很多的不習慣。譬如，一開始，無論是和台灣同學講話，還是同他們一起做事情，我都會抱怨他們的效率太慢。然而，久而久之，當深度接觸到這裡的人和事，我開始對過去的生活有了一種新的詮釋，後來，我慢慢地接受了這些，並開始認同這樣的方式，逐漸轉變了心態，也很快適應了下來。

在台灣期間，總是得到熱情洋溢的關懷，這裡的人情味一直為人津津樂道，大陸媒體《新週刊》曾專題報導稱「台灣最美麗的風景是人」，如出一轍，長春被《東方週刊》評為大陸「最有人情味的城市」。東北的黑土地滋養了東北人熱情好客、豪爽灑脫的性格，而在這些特徵上，長春人絲毫不落下風。如果有朋自遠方來，必然會得到盛情招待，客人八成是吃著喝著還拿著，甚至連買單的機會都不會有。

而性格上的豪爽灑脫，在我個人的成長經歷都有著很實在的體現。長春有著漫長的冬季，一年甚至有半年的時間是冰天雪地的景象，所以短暫而並不炎熱的夏天就尤其顯得珍貴，而這期間的生活比起冬天會更豐富多彩。夏天的夜晚，三五知己會圍坐在燒烤攤，用東北話講是「擼串子」，席間，大口喝酒，大口吃肉，大聲說笑，大聲打鬧，將東北人的豪爽彰顯無遺。當然，按長春人的性格，酒不喝到位的話，這個晚上是不會結束的。

長春的冬天雖然漫長，但並算不上寒冷，因為大凡室內都會有暖氣供應。我在台灣也經歷過冬天，那是我人生中度過第一個沒有下雪的冬天。台灣的冬天很冷，那種冷是寒風吹進骨頭裡面的刺痛，在長春習慣了冬天屋子裡的溫暖，依戀窩在軟綿綿的棉被裡面賴著不想起床的那種感覺，而在台灣卻是加了一床被子還是覺得有寒風鑽進來，有人戲稱冬天是「南方人在屋子裡穿著棉衣還覺得冷，北方人在屋子裡穿著T恤還覺得熱的季節」。其實，冬天也是我在台灣期間比較難熬的一段時間，在這之前我從未一個人離開家這麼久，沒有經歷過這麼冷的冬天，當然，我也很感謝這段經歷，讓我見識到了冬天以外的冬天，在一個人的生活中感受到了一個新的世界。

我在台中半年，在長春這個城市以外的城市，感受到了兩個城市的美好，一個是愛上，一個是深愛。

浙江 · 杭州

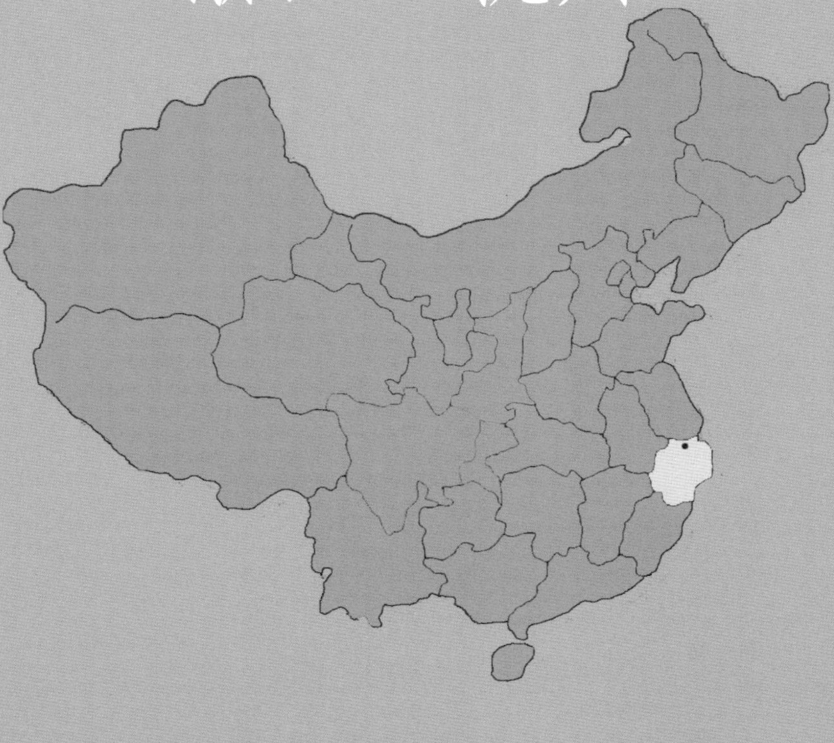

千年等一回

我在皖北的父老鄉親，以及河南的勞民大眾，成群結隊地南下珠三角①東進長三角②等經濟發達地區務工，稍稍精明些的不願安於作為農民工，選擇賣假發票，撿垃圾，沿街乞討等旁門左道，然後很快全村人都來效仿，恩澤眾人。然而，他們再精明，其層面與浙江人比起來，還是相距甚遠，遜色很多。在鄉鎮勞動力集體外流，青年遠走他鄉的同時，很多浙江人選擇來到這些中原腹地，玩起了小商品經營，在縣級及以下的鄉鎮地區，在當地年輕人都不願久留的地方，浙江人開的中型超市遍地開花，他們聯合經營的鄉鎮連鎖超市在廣袤的貧苦落後地區風生水起。我們鎮上規模最大的一家超市就在我家樓下，老闆一家來自浙江麗水。他說，在他的家鄉浙江麗水，整個鎮的人幾乎都出來做類似的生意，他們也是農村外出務工人員。他作為浙江農民，在江淮地區的鄉野成為了殷實的資產階級，手下有一眾本地輟學少女作為員工。同樣是農民出門務工，差距不是一點點，簡直不是一個級別。他們這個群體身上透露出的精明、勤勞與務實，讓我不得不心生讚歎。

浙江人在商業上的敏感嗅覺與闖蕩精神，早已聲名遠揚舉國皆知，尤其對於溫州人而言。當今，在遍佈世界各國的華人街商家店號中，能與潮汕人齊名的，估計也只有溫州人了。而「溫州炒房團」，雖然廣為詬病，遭人指責，但是他們沒有坑拐偷搶，完全憑藉市場嗅覺與長遠眼光，通過合法合理的方式實現財富急劇增長。我在大學畢業後，結識了一個溫州籍學長，他剛畢業的時候在廣州就已經有了好幾套房，其中兩套是在剛入大學後父母就幫忙購得的，而事實上，當初他的家庭只能算是殷實，而稱不上富有。就這樣，隨著房價的暴漲，這位學長在畢業幾年後，只是靠著升值後房子的租金就能保障衣食無憂了，他隨便賣掉一套房賺回的差價就足以讓矜矜業業的好學生奮鬥近十年了。在某個層面而言，當初作出買幾套房決定的意義甚至要遠大於讀四年書。倘若對於一個常規觀念的常規家庭來說，在自己子女讀大學的地方，剛入學就為其買一套房，絕對是一件不可思議的事，即便有人去勸說。他們會狹隘地認為，讀書遠非享樂，花那麼多錢，讓本應該住在集體宿舍的子女住在城內奢華的大房子內，甚至是一件離經叛道的事。然而，溫州人做到了，結果我們也看到了，他們在商業上表現出的智慧讓我不得不服。

溫州出了眾多成功的商人，然而，溫州商人的成功通常在於廣度，現階段，浙江成功商

① 「珠江三角洲」的簡稱。
② 「長江三角洲」的簡稱。

人的巔峰高度是在杭州。當今，在大陸，最成功的商人之一，其實大可以省去之一這兩個字，就出自杭州，他是阿里巴巴集團曾經的總裁馬雲③，一個杭州出生、杭州成長、杭州讀書、杭州任教、杭州創業的非官二代、非富二代的普通人。他幾乎憑藉一己之力通過互聯網塑造了一個新的時代，淘寶的橫空出世改變了國人傳統的消費觀念與生活習慣。聽說前些時日，馬雲辭去總裁在杭州黃龍體育場舉辦卸任晚宴，各路豪傑齊聚杭州城，幾乎囊括中國名流的半壁江山，一時間造成不少路段堵車。這點上，說明馬雲的成功不止是生意。對於他在經濟上的爆棚，我們讚歎；而對於他在人緣上的好評，我們不得不讚賞。馬雲的成功不僅來自財富量的積累，更來自人品值的高漲，所以在前面我說可以抹去之一兩個字。他不同於王石④、潘石屹⑤這類開發商，後者財富的積累是建立在民眾承受高房價的基礎上，而馬雲的淘寶則是著實為民眾帶來便捷與實惠。

一直在談商業，會造成杭州是一個銅臭味十足的地方，其實不然，撇開商業氣息，杭州依舊是個有底蘊和內涵的地方，只是一個西湖便足以證明。想必，很多人和我一樣，與杭州的結緣來自於西湖。它作為千古以來的風景名勝，水裡堆積著歷史的沉澱，岸邊遍及著文人的足跡，其湖光山色一直備受文人墨客的傾心，只是詩詞方面，就有白居易、蘇東坡、柳永等人留下千古佳句名篇，它們被廣為傳頌，為世人所知。不過我對西湖嚮往緣由的格調比較低端些，它小部份來自那些文縐縐的詩句，而大部份是因為影視劇《新白娘子傳奇》，這一部由台灣電視公司製作，由香港藝人趙雅芝擔當主演，以杭州為故事背景的連續劇，曾經一度在大陸紅翻天，片中的鏡頭成為了很多人對西湖最初始的詮釋，而片頭曲《千年等一回》成為膾炙人口的經典曲目，演繹不老傳說的趙雅芝則成為了幾代大陸人心中的女神。

有一段時間，我似乎像是被女神給下了蠱咒，常常做一個讓我自己都為之吃驚的夢。當西湖數次在我的夢境中出現後，我知道我一定要親身去走一趟了。在二〇〇四年的暑假，我孤身一人出現在了杭州，將近一個星期的行程，用一天的時間穿行在浙江大學的校園，其他幾乎全消磨在了西湖畔，我那次出行的目的很簡單，也很騷情，就是要一睹西子湖的嬌容，比照下數次出現的夢境。那時，與西湖相比，杭州城內的都市風景線對我沒有任何吸引力，在我眼中，西湖就是杭州的全部，即便當時知道杭州有諸多缺憾，卻覺得只是一個西湖就可以完全填補修繕。

西湖邊的文人佳話，並不只是停留在過往的歷史中，在當代也有在上演。坐落於杭州的中國美術學院教授王澍，被稱為大陸最具有文人氣質的建築師，他在畢業後的十年選擇隱身於西湖邊的村落，不設計建築只思考建築，與自然對話，與蒼生交談，與靈性互動，終成氣

③ 企業家，阿里巴巴集團、淘寶網、支付寶創始人。
④ 房地產開發商，地產界大腕，SOHO中國的董事長。
⑤ 地產商，華遠地產董事長，在地產界享有極高知名度。

候，在二〇一二年成為了「建築界諾貝爾獎」普里茲克建築獎得主。數年以後，王澍在西湖的傳奇故事必然將成為後輩口中的佳話，被定格在歷史，為西湖的古韻名靈增磚添瓦。

與人文色彩濃郁的古杭州呈強烈反差的是如今杭州高等教育資源的缺乏，在整個浙江省，身兼211與985工程⑥名號的高校僅有浙江大學一所。招收陸生政策開啟初期，台灣認可的大陸四十一所高校，浙江省有浙江大學在列，當後期台灣增補名單，將數目擴大到一百一十餘所學校後，浙江省依舊只有浙江大學一所。這不僅古今不匹配，也與浙江省在大陸的總體地位嚴重失衡。高等教育資源的匱乏，導致浙江每年的高考重點分數線相對較其他省分來得高，而且對於一些重點線以上的高考學生而言，如果讀不了本地名校浙江大學，往往只有遠走他方，即便他們眷戀自己的故鄉。

浙江的整體富足，決定了杭州實力必然超群。可是，處在長三角，尤其在上海面前，難免顯得有些薄弱。由於地理位置過於近鄰，省會杭州被稱為上海的後花園，只能接受小弟的角色，吊詭的是杭州卻要承受比上海還要昂貴的高房價，難道這是因為「溫州炒房團」發揮了近水樓臺先得月的優勢？

⑥「211工程」即面向二十一世紀重點建設一百所左右的高等學校和一批重點學科的建設工程。「985工程」是中國大陸為建設若干所世界一流大學和一批國際知名的高水準研究型大學而實施的建設工程，共有三十九所高校入選。

江南相思

楊心韻

我的父親來自陝北一個小村，從小是個喜歡讀書的孩子，那個年代人人高呼讀書改變命運，現在看來是真的。而我父親被改變的命運，不僅僅只是讀書走出去，這命運裡還有一個北方漢子對南方的動人嚮往：一日父親攜家會老友，飯局上彼此大談當年夢想，那時我才知父親年輕時的夢想竟是娶一位江南女子，來這魚米之鄉生活。我笑說這實在沒什麼北方漢子的豪情壯志，而父親自己也說不清是夢想還是夢了，興許是書上看來的，魚米鄉、佳麗地，也或是夢裡夢見的，三秋桂子、十里荷花。而無論是夢想還是夢，實現它或者走入它，並日日伴你尋常生活，在這短暫的一生裡，都是令人豔羨之事。電影《新橋戀人》裡有一句臺詞：「夢裡夢見的人，醒來就該去見他。人生就是這麼簡單。」我父親的人生就彷彿如此一般簡單，而我也有幸，生長於父親夢裡的城市。

夢裡的城市，也如夢境般百轉千迴、一瞬一個景象。寧靜、繁華，清秀、浮誇，再或者是國際化、又有雨巷人家，怕是這些種種，都不足以形容她。杭州這座城市，她有故事，你若是探她的過去，則上一時在這青燈古佛裡修了心，下一刻便讓那自古繁華給迷了路；你若只想採擷她此時這一頁，杭州人怕是要對你笑笑，真是趕上了好時候，她在這年代，最是一瞬一個景象，比往日裡更難辨今昔了。

她這些年的改變，如同一位女子十五六歲至二十五六歲的改變，豆蔻至花信，洗淨鉛華未及，亭亭玉立已有；而這女子又是從小鎮上來到城裡的，既可見曾經小橋流水人家走出來的影子，又已是城裡小姐的脾性占了多數。

我小時候，一家人住在父母單位分配的公寓裡，那公寓在城的西邊，幾近於城外。父母輪替著，每日踩腳踏車載我上下學。車行緩緩，我坐在後座，抬頭可見父親高大寬厚的背影，或者母親纖弱又賣力蹬車的背脊，再頂頭即是天；回家的路攜這情景潛入記憶，是那樣漫漫、無限寬又無限長的。十歲時搬至城內，後至念中學，都還是走那條路；這期間路旁行道樹未變，路中卻日益繁忙，繁忙到拓寬也無濟於事，終改為單行。

小時候覺得這樣漫漫無盡頭的路，長大了卻因小而只容車馬單行；杭城的改變也是如此——路還是那條路，城也是那座城，人來得多了，城才覺得小了；特別的是她容你來，也願為你改變，但同時仍完整守著她自己。車馬多了，她便為你在湖下闢出隧道來，由你從湖底疾馳而過，湖上是一汪綠水幽然依舊，遊船載你擺渡；人多了，她便為你在城郊立起高樓容納新客，城內卻仍是矮舊樓房，青磚白牆與灰色水泥交錯，街道也是過往江南窄而幽長的樣子。

想來她畢竟還是江南吧，江南江南，提起我也總是想配上「小城」或是「小鎮」這樣的，連在後面，才覺得般配。湘西詭秘，陝北壯闊，江南則是小橋流水，水畔有人家。杭州屬於江南，自有江南的清秀和閒適。西湖在城中，新建的高樓大廈在城外；西湖三面環山，留出來的那一面，千年前杭州人在那兒建起了城。杭州人的奢侈，大概就是擁得這青山綠水了。春來湖邊柳樹發芽，桃花開得盛，遊人如織不覺煩擾，與這萬物新生的好時節正是般配。倒是柳絮飄飛會困擾行人，只是上下班路過，還無暇去西湖邊賞春色，回來卻見自個兒頭上戴著柳絮，像是西湖想告訴你春天來了，該去看看她，卻又嬌羞難開口，於是輕柔放了柳絮在你身上。杭州人倒是習慣了，輕輕摘去，「又是一年春天來了」，它不是數字日期，它是柳絮給你送了信你才知道。湖邊山上更有杜鵑開得正好，這杜鵑的鮮紅和桃花的桃色，是讓人覺得春事爛漫到難收難管，想久久浸在這好時節裡，不忍離去；湖邊也有幾株梨花開，乾隆皇帝的御花園「柳浪聞鶯」裡還種著幾樹櫻花，這兩種花則是雪白粉嫩，配以飄飛柳絮，這一幕的春色是溫柔綿綿，讓人想起杭州也是溫柔鄉這事。漸漸臨近清明，春雨細細下，西湖青山浸在煙雨中，清秀幽然，百姓做起了清明糰子，空氣裡混著艾草的清意與泥土清香，人們懷想起故去的人，春事也該是收的時候了。

清明過後是黃梅季，雨中杭城青翠，再來氣溫變得潮熱，這會兒杭州人開始等西湖第一朵荷花盛開。一位北京好友曾來問我，西湖第一朵荷花盛開的消息，真的會作為頭條、占據報紙整整一個版面嗎？好友說這事兒在她高三那年被編入寫作素材，並在小片範圍內傳為佳話。我回想，似乎確實年年如此，西湖第一朵荷花花苞出現，杭城的報紙就會昭告天下，像是皇妃生了皇子，百姓們都得知道。春末夏初的某一天，杭城的報刊亭會有這樣一遝報紙：望去是翠綠一片，中間一抹粉色，是第一朵花苞。我確實是習慣了，不以為意，直到見好友被證實時的驚訝，才後知後覺，這實在是浪漫至極的一件事。一朵荷苞，國家大事都得為它退成一行平淡的黑字——再沒有什麼，比花開景好更值得知曉的了。想起杭州曾是吳越國的都城，那位建國國王錢鏐曾給回娘家省親的愛妃一封書信：「陌上花開，可緩緩歸矣。」想是某個年後，錢王思念遠方的愛妃，正要提筆問她歸期，卻見窗外春日提前到、路邊迎春開了幾株花，於是便不忍問歸期，反倒是望她慢慢來，盡情享春色。一位國王，一封信，只是這樣一句話，不談國事只言美景，不提思念卻滿滿愛意。這國王的浪漫，似是一千年來入了杭城的骨髓，隨著歲月延綿至今。

柳永稱杭城是「錢塘自古繁華」，也讚西湖「重湖疊巘清嘉，有三秋桂子，十里荷花」。自第一朵花苞出現，夏季隨即到來，荷花漫漫開去，十里荷花是真。隨荷花花開花殘，湖邊農人賣蓮蓬給路人，蓮子一粒粒撥出，外邊兒是清甜，裡邊兒是清苦，這樣一面吃著花的果實，一面送花送夏日離去。而杭州人真正得知秋日的到來，是從聞到一陣撲鼻的桂花香開始的。桂花是杭州的市花，不似柳樹只是在湖邊，桂樹是遍佈杭城的，所以三秋桂子也是真。每到秋天，整座城都彷彿浸在桂花酒中，早起出門撲鼻一陣，明明是一天最清醒時分，卻由這花香叫人醉了。桂花的花是藏在綠葉中，黃色的小小一點點，不引人注目，而花香卻送到遠方；想是因為開在秋季，一個屬於果實和收穫的季節，桂花也不當自己是花了，只管奉獻。杭州人想留住花和花香，便把它們製成桂花糖，「酒釀圓子羹」裡撒上金黃的一小撮，花香入胃，四季都能嚐到。當然屬於秋天的美不僅僅是桂花，西湖邊的北山路和南山路，路旁種滿法國梧桐，夏季到秋季的過渡，便是看著梧桐葉子由翠綠至嫩黃，再加深至金黃、至橙色，最後開始落葉，等落盡最後一片梧桐葉，冬天就來了。

杭州的冬天是江南冬天的濕冷。我怕濕冷，便躲在屋內捨不得出門；但若是碰上太陽好的日子，則是反一反，捨不得不出門了。穿著大衣、裹上圍巾，有時與家人，有時與友人，去西湖邊曬太陽；或者是上西湖邊山裡的龍井農莊，吃農家菜曬太陽。冬季暖陽溫厚，人躺在裡面，目之所及有落盡了葉的老樹樹幹，也有遠處四季如常的青山，就這樣，又是歲末了。年關將至，恍惚間覺得城市是同我一起，一歲一年長大或老去，如同那老樹樹幹，將這草木一秋比至人生一世，終覺短暫；可再待來年，桃花開的時候，萬物復甦又是一場輪迴，我看道上行人慢慢，溪水潺潺，遠處青山和身上歲月，皆與我同在，便覺城市不老，我也不老。

又想到父親，想到當年笑他人生沒有豪情壯志的自己，真是應了那句式，「說這話的人，既不懂豪情壯志，也不懂人生」。一座城，一場夢，一次人生。這座城豪情壯志並不與她般配，唯願往後日日夜夜，男兒女兒，都將相思賦予她。

重慶

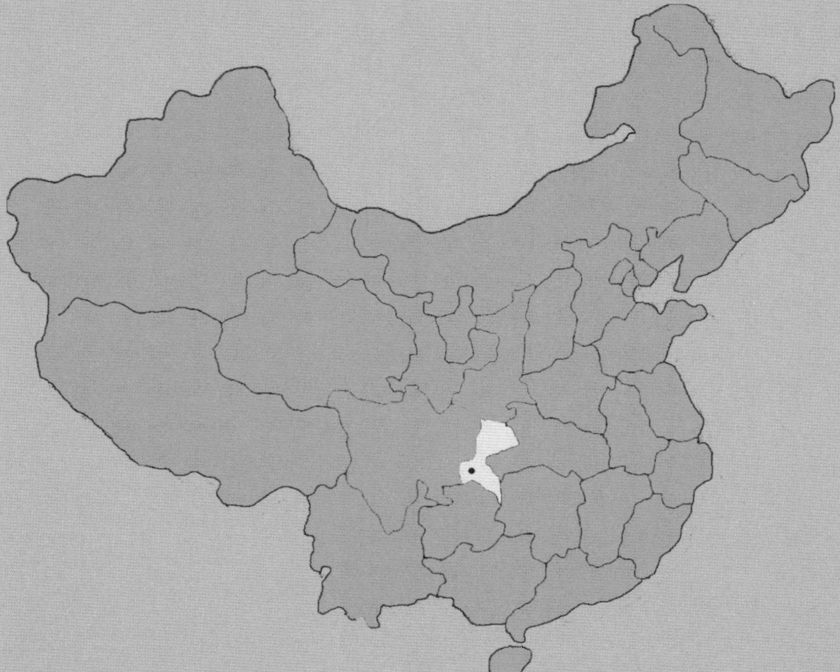

瘋狂的石頭

如果重慶是一位男性，我會覺得他是我的孿生兄弟，因為我叫二囍。

事實上，重慶往往是被女性化的一座城市，因為重慶妹子是廣為人知的群體，它依靠女性拓展影響力。重慶盛產美女，這也成了這城市的一張得力名片，尤其在當今這個娛樂至死與女性淪為消費品的時代。在巴蜀地區，有個特殊的詞彙叫做打望，它的賓語①通常是姑娘。在人潮湧動、年輕人高頻出沒的解放碑步行街打望美女，是初入重慶者的初級必修課程。重慶姑娘的特徵是皮膚白，且不長痘，但凡裸露的肢體和面龐都光澤水靈，可是沒人能保證被衣服遮掩的區域是否能呼應，金玉衣外敗絮衣內的事，時常發生。皮膚優勢不僅體現在女性身上，在男性身上也適用。我大學隔壁寢室同學，一個重慶男生，白嫩到令人髮指，以致女生見到他都直言不公，廣州是一個很容易火氣上身的地方，我們時常用爆痘展現青春的特徵，而他自始至終卻完好如初，即便他吞下再多的辣椒。

辣椒在重慶是躲不過的字眼，因為它是餐桌上躲不過的食物，對，是食物，不是輔料，重慶人是可以把辣椒當菜吃的。大學時期，幾個同學一起叫外賣，可以跟重慶男以素換葷，最終幾乎所有人的辣椒都可能集中到他的飯盒內，只見他津津有味地嚼著，即便這辣椒讓其他人一入口就汗流不止咳聲不斷。而辣椒的絕配自然是火鍋，重慶食物揚名全國的有很多，只是朝天門臺階上挑擔小販售賣的不起眼的酸辣粉，就能夠被推廣成全國連鎖店；只是深巷盡頭汗水溝邊的三兩小麵②，就能夠讓我至今垂涎；只是磁器口的廉價豆花飯③，就可以讓我吃完一碗再喊一碗；但是，在全國範圍內，唯有重慶火鍋的普及是最具廣度和深度的，它幾乎遍及每一個城市，幾乎成為每個人此生必須會飽嚐的一餐。

吃過重慶火鍋，算不上跟重慶有染，吃過「鄉村基」，那才叫真正的重慶體驗。作為重慶本土企業，紮根巴蜀大地，在其他地區很少見到，它效仿肯德基、麥當勞走速食模式，包括名字有也它們的痕跡，不過鄉村基專營中餐，且有自己一套，成功塑造了品牌，留下好口碑，成了重慶民眾的日常餐廳。雖然有山寨之嫌疑，但絕對是重慶特色。多年前，我就期待著鄉村基可以走出重慶，消除地域侷限，惠澤眾人，卻遺憾一直沒有應驗。

重慶還有一些讓其他城市羨慕的品牌，諸如龍湖地產、華宇地產和金科地產這地產三巨

①指動詞後的受詞。
②重慶本土一種低價位的美味麵食，多出現在路邊攤、大排檔，是重慶的平民美食之一。
③用豆花當下飯菜的一種快餐食品。

頭，即便它們是暴利的房地產開發公司。由於本地地產商的強勢，外來地產商很難成功入圍，它們在重慶的項目往往不順暢，沒有過多的競爭，使得土地的競拍價不會太水漲船高。正是由於他們的存在，重慶民眾不用承受其他同水準城市的高房價。在二〇〇六年的時候，廣州商品房均價一萬元每平方，重慶僅僅三千餘元每平方，就連次一線的城市合肥在那個時候也已經五千元每平方了。這些年來，相對而言，重慶的房價是合理平穩而良性的，這也是重慶可以傲視群雄的重要資本，也是重慶民眾幸福指數得以飆升的重要原因。

重慶雖說是一個直轄市，字面上是跟上海、北京、天津齊名，而且號稱是全國最大的直轄市，實際上，它也是四個裡面最窮的那個。面積大，而且貧富差距大，這造成主城區外有著廣闊的貧困區域，外圍的民眾紛紛外流，前往東部富饒地區務工。在這點上，直轄市的優越性並沒有很好的彰顯。但是在偏遠大西南地區，它確實算得上一枝獨秀了。西南地區的偏遠，如果用時間和山頭去換算的話，可以量化。二〇〇五年，我第一次過去重慶，從廣州出發，在綠皮火車上晃悠了三十七個小時，穿越了上百個山洞，翻越了數十個山頭才到達。不過現在不用繞那麼多座山了，時間長度被縮短到二十個鐘④左右了。三十七個小時也成了我火車旅途的吉尼斯紀錄⑤，後來再去的時候，只好改乘交通工具，折成飛行時間只需要一百分鐘，效率大大提升。其實，飛行時間一百分鐘的距離折合成火車直線行駛時間也不過十五個鐘，這說明去往重慶的這一路翻了太多山，繞了太多彎，兜了太多圈。

沿途崎嶇延綿的山路，似乎昭示著這個城市不會平坦，確實，重慶的不平坦堪稱全國之最，有著山城之稱。置身其中後，不得不為這個城市感到震撼，重慶是在群山亂石之中硬生生建出的一座城，當見到飛橋陡坡點綴、群山大江環繞的立體城市面貌後，我感受到其雄性而豪壯的一面，陽剛之氣撲面而來，一掃因美女而生的陰柔。在全國城市同質化的今天，重慶依舊是一個識別性極高的城市，遍及的橋樑，起伏的道路已經構築了一道其他城市都無法複製的景觀。立體城市的特徵，也使得重慶具備多元的交通工具，從地鐵、輕軌，到索道、輪渡，幾乎應有盡有，超乎人想像的是電梯也可以作為這個城市的公共交通工具，主城的渝中區有一處自動扶梯和一處升降式電梯，可通用公交卡⑥。前者叫做皇冠大扶梯，連接菜園壩和兩路口，它用一百一十二米的長度帶你穿越五十二點七米的高度，從扶梯的一個盡頭到另一個盡頭，卻宛如兩個世界，穿越感十足。而後者凱旋路垂直電梯，連接凱旋路和較場口，依附一個五十米左右高的建築物，電梯兩端分別是上半城和下半城，建築物的首層和頂層分別是兩個城區的地平面。山城陡峭彎曲的道路，也直接導致重慶人在兩點上被其他地區

④小時。
⑤金氏世界紀錄（Guinness World Records）。
⑥公共交通的支付卡，類似台灣的「悠遊卡」。

的人完爆，即重慶人的方向感極弱，以及多數民眾不會騎腳踏車。

偏遠是相對的，曾經巴蜀之地可是三國時期蜀漢的核心區域，享有天府之國美稱，民眾尚能長期自得其樂。長期歷史上，巴蜀是合體的，重慶與四川是相融的，只是從一九九七年起，重慶從四川省劃出，成為直轄市，巴蜀自此一分為二，這也引發了川渝兩地長期的諸事之爭，譬如比誰的妹子美、誰的火鍋香；拼誰的麻將技術高、誰的城市形象好。其實，本是同根生，很多事比不清。無論窩在西南角多內鬥，出了門後，四川人和重慶人又成了一家親。有時會想，台灣之於大陸就像是從四川分離出的重慶，同根同源同種，無論它的行政屬性，它身上都明顯殘存著另一方的特徵，就像坐落於重慶的兩個高校卻叫做四川美術學院與四川外國語學院，在某種性質上，這跟台灣的中國時報、中國文化大學是一個道理。而這些名稱，也是代表著一種客觀的過去，無需去否認和抹殺，而實施去四川化，或去中國化。

在近代，重慶依舊一度成為核心。重慶作為抗日戰爭時期中華民國的首都，肩負重要職能，而在國共內戰期間，成為國民黨和共產黨發生激烈政治鬥爭的城市，歷史遺跡建築中的渣滓洞和白公館就是當時白色恐怖時期關押政治犯的地方，性質與台灣綠島相似，也都是國民黨的招數。而在重慶街頭，也可以冷不丁地有幸見到一些秀美的民國建築，只是與南京城的民國建築還是有一定差距。

重慶人都是孫悟空

甘果

是重慶人還是四川人？

以前大學宿舍有一部特別破舊的座機，聽筒的透聲性能特別囂張，每次閨蜜①打電話來，我都得把聽筒拿開距離耳朵二十公分的位置，才能在避免耳朵折壽的情況下聽清她說什麼。終於幾次後，幾個室友終於忍不住問我為什麼她老是打來吵架。我嘿嘿：這就是典型的重慶妹兒嘛！日常聊天都有本事突然激動起來，且邏輯清晰語速極快，得理不饒人，語感似罵人。就像外地遊客在重慶問路，可能會得到對方劈哩啪啦外加手舞足蹈的指路，不要以為他不耐煩，他只是熱情過頭，講不清楚，又容易激動。

我人生的前二十四年是重慶土著，幾個室友都是外地人，山西、江西、浙江這幾個地方對那時剛進校的我來說算是擴展了本人在中國地圖西南角以外的認知，很欣喜自己總算認識了川渝以外的朋友了。在那之前對我和我的小夥伴來說，介不介意被叫做四川人，和成都

① 關係較好的女性朋友，姐妹淘的大陸說法。

之間長久的西南老大之爭誰又贏了一局，成渝快線什麼時候建成，可以提速多少，重慶火鍋還是成都串串②更好吃，這就是我們的「世界觀」。自從直轄後，大多重慶人就開始介意被叫做「四川人」，可當別人講四川人壞話時，又忍不住跳出來罵他。這十六年來重慶與成都的關係變化很微妙，也很自然：從早期默默積蓄怨恨、明爭暗鬥，到中間不知什麼時候矛盾突然爆發開始公開口水戰，再到後來兩地都各自經歷幾次巨大天災人禍時的相親相愛互幫互助，到如今把口水戰升級為爭奪西南話事權的實戰——其實就是一對相愛相殺的親兄弟。

這裡是江湖

許多在外地念了幾年書、至今仍飄泊在外的重慶人，說起家鄉，那都是各自各話，沒個準調。譬如，有人認為杭州的城市形象和氣質好過重慶，擁有全球聞名的美景，富有藝術氣息的城市空間，乾淨的街道，完善的公共設施，和相對高素質的市民⋯⋯。而相比這樣的陽春白雪③，重慶當然就特別的下里巴人④了：沒什麼特別拿得出手的城市景點，混亂無章的空間佈局，垃圾隨處可見的街道，小巷裡橫七豎八的小攤兒，在哪兒都能高分貝私聊的市民⋯⋯。但是我要說，這些表面上看來特別讓人厭惡的缺點，在我看來就是重慶的魅力。如果每個城市都如杭州般「完美」，你真的還會愛它們？如果不能半夜出門就吃到路邊的燒烤，人生還有什麼樂趣？重慶自古就沒有高冷的命，可我們本來走的就是接地氣的路線，包括重慶人的俠氣和豪邁使得這個城市更具有別的城市無法複製的個性。當然，也有人恨鐵不成鋼，也有人認為花是自家香……我們雖然無法預測或引導重慶未來的樣子，但都希望它的個性和素質能共存。

瘋狂的石頭 vs. 重慶森林 vs. 盜夢空間

幾年前的那部電影《瘋狂的石頭》讓重慶很是火了一把，托它的福，這幾年羅漢寺的香火旺得有點過分，過江索道也成了外地遊客的必遊景點，這簡直就是部重慶城市的宣傳廣告片。《重慶森林》倒是跟重慶沒什麼關係，可莫名地讓眾多根本沒看過此片的文青認為重慶就是一座特別文藝的森林城市。而對我來說，《盜夢空間》⑤才是最能描述重慶如此奇葩的城市空間的電影，只有在這裡你才能體會走進大樓門口發現竟是三樓，而回家得下一層且還不是地下室的奇幻感受。

在香港坐巴士路過西營盤那幾條向山上延伸坡度近三十度的街道時，同行朋友都覺得不可思議，只有我覺得特別親切；每天爬十分鐘的陡坡上到位於半山腰的學校後，其他同學

---

②串串香，熱鍋麻辣燙。

③傳說為春秋時晉師曠或齊劉涓子所作樂曲，通常引申為相對於通俗音樂而言的深奧難懂音樂。

④戰國時代楚國的民間通俗歌曲。

⑤台灣翻譯為《全面啟動》（Inception）。

都快斷氣，只有我氣閑神定；當大家對深夜的小巴車神以F1速度靈活地穿梭在扭曲糾結的羊腸小巷中表示下次再也不坐的時候，我想起了重慶幾年前由於超速屢屢出事故、已被取締的七字頭小巴。作為山裡的孩子，從幼稚園到高中，我前十八年求學生活都必有一天往返兩次、一次近一個小時的翻山越嶺。爬坡上坎不喘氣是每個重慶人的天生自帶技能，而相反的，作為眾多城市重要交通工具的自行車，在重慶只能淪為娛樂項目，因為街道大都與山體走向自由連接，毫無邏輯規劃和東南西北。如果你跟計程車司機講「請一直往北走到頭，然後向西轉」的話他會請你下車，這時你應該機智地開啟重慶模式說「直起開抵攏左倒拐」。山地城市就是3D城市。

除了山，我們還有江。兩江匯合的朝天門是重慶的門戶，是重慶古城十八座城門之首，也是自古以來這座城市的大碼頭。如果非要說出這個毫無生長邏輯的城市原點，那必屬朝天門——山體圍繞而立，江水以此發散，說得朝天門者得重慶一點也不過。也因兩江貫穿主城，重慶的橋多到讓人覺得江上總有未建完的鋼筋巨柱。而前面提到拉風的過江索道曾在兩江上各有一座，而如今只剩下長江索道，既是居民日常通勤工具，也是如摩天輪般的休閒娛樂設施，它們在二〇一〇年成為了重慶最年輕的文物。

重慶可能是全國、甚至全球唯一除基本地面交通外，還同時擁有地鐵、輕軌、索道、渡輪等交通工具的大型城市。遊覽重慶最好的方式就是將這些交通工具挨個兒⑥坐一遍，繞著主城區一圈下來就一天了，這個城市也就立體地收進你心裡了。上山下海淩空穿梭，山城兩江四岸天塹變通途，重慶人每天都做孫悟空。

真正的魅力在全景

時不時有外地朋友問我「去重慶玩一兩天，有什麼推薦的景點？」，原來我總是不經大腦地脫口而出：「當然就是解放碑購物，朝天門觀江，洪崖洞小吃，磁器口毛血旺，歌樂山辣子雞，南山一棵樹，洋人街遊樂場啦……。」後來發現這些旅遊書式的推薦太過千篇一律，且不能體現重慶獨特的山城魅力，於是我開始告訴朋友：你將所有交通工具都挨個坐一遍，繞著主城區轉一圈，幾乎就可以感受整個重慶的特色了。如果可能，相信你離開之後還會再想起這座城市。因為我覺得一個城市真正值得被瞭解的不應該是幾個精彩的景點，而是平淡的全景，整體的感受。再者說，去景點多半遇上的也是同樣的遊客，還不如搭個索道跟旁邊的棒棒兒（重慶話：替人搬運物件維生的體力勞動者）學兩句重慶話呢。

重慶天氣不好，冬冷夏熱，天空常年都是灰濛濛的，哪天突然來個藍天白雲，我們可

⑥依次一個接一個。

能會懷疑是不是要地震了。所以白天蹲在街邊打望（重慶話：打量觀望，賓語多為美女）就好，到了晚上就可以出來活動了，兩江四岸的燈光工程還是很能唬一唬人的，被稱「小維港⑦」是不用臉紅的。

攔都攔不住的熱愛

如今的重慶，已經開啟了準大城市發展模式。每隔幾個月不見，再見的時候必定能發現一些不知道何時冒出的高樓。其中不乏全國，乃至全球著名建築師的作品。城市天際線開始被重視，主要街道的舊樓立面改造很新穎，至少從外表上整個城市翻了個新。規劃更新，街道擴寬，交通整治，景觀改造，再加上軟實力的全面提升，它正在為成為西南第一城市拼命地努力著。在發展程度上重慶還沒趕上「北上廣」，可對它的發展潛力，任何一個稍有眼力的人都不會忽視。它發展速度之快以至於我連它一年後的樣子也無法預估。我沒能力也沒足夠客觀的心態去評論好與壞，唯一能肯定的就是會繼續愛它。

《新週刊》有期重慶特刊是這麼說的：「世界上沒有哪個地方的人，能像重慶人一樣，如此熱愛他們的城市」。我很贊同。

⑦指香港「維多利亞港」。

四川 · 成都

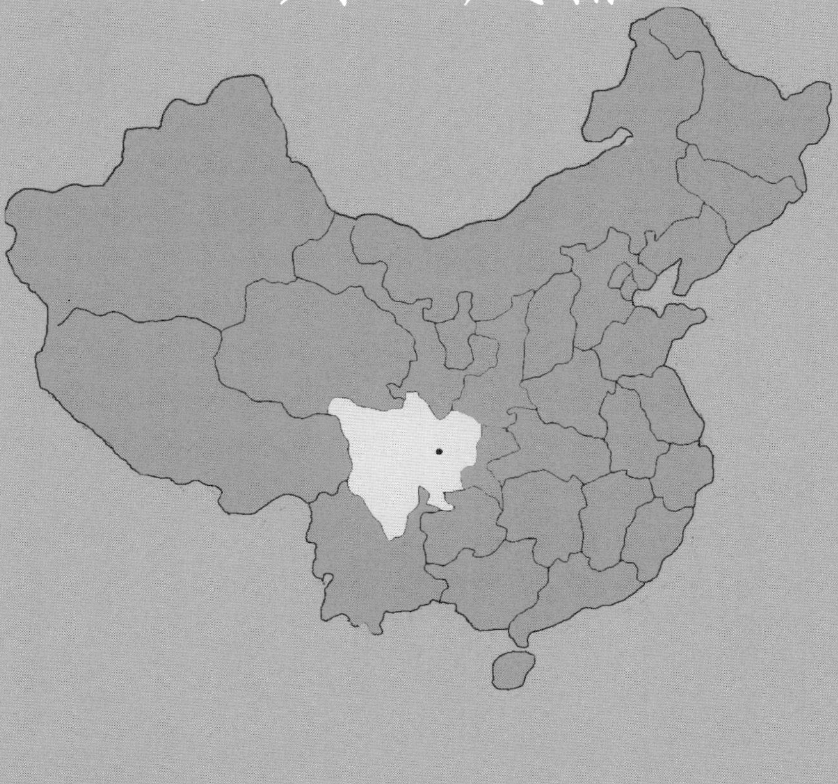

人生得意須盡歡

雖然同為巴蜀之地，可與陡峭蜿蜒山路漫天遍佈的立體城市重慶截然不同，成都是建立在一塊平地上的城市，在整個西南地區很難有哪個城市可以比成都的地勢更平坦了。成都平原自古以來就是一片樂土，得地勢之優，這片平原水患、旱災較少，自古就是中國經濟發達，物產最為富饒的地區之一，也是整個中國西部唯一一片一直保持較高發達的地區，被譽為「天府之國」。有一句廣為傳頌的話，「成都是一個來了就不想走的城市」，我覺得這是對成都最深情的評價。而成都不知什麼時候起，也成了我最嚮往的一個城市，甚至是想著畢業以後定居的地方。

如果可晃悠到重慶，那就不應該錯過成都。因為兩個城市之間的城際列車開通以後，成都與重慶的距離，被縮短為四個小時的火車行程。即便在成都很多事物都是在重慶可以觸及的，諸如打望美女、火鍋、麻雀長城，但是也有在重慶無法體驗到的。成都人的閒情逸致是重慶人無法比擬的，在所有大城市中，成都是生活節奏最慢的一個，這裡的民眾總是不慌不忙。這點即便是在成都以外的地方我也深有體會，我大學室友，四川人，算是成都城鄉結合部出身，他完全配得上全班最懶散的稱號，建築系的學生通常需要通宵達旦，為設計圖紙奮戰，在交正圖前的一周，幾乎每個人都忙得熱火朝天，唯有這位四川同學，泡壺碧螺春茶，慵懶地坐在電腦前，對著螢幕中的魔獸遊戲得以盡歡。以致隔壁宿舍有同學看不下去，替他著急，老是衝進來催他趕緊進入戰備狀態，只見他風聲不改，泰然自若，完全一副皇上不急太監急的景象。他只差說出一句話：「哥的人生您不懂。」倒數計時進入最後三天，這位兄弟大刀闊斧，一氣呵成，雖然每次都草草收工，卻總能低空掠過，及格過關。其實，我就明白，你以為那是懶惰，其實那叫生活態度，只是很多人欣賞不來而已。

從這位同學的身上，很容易聯想到一個經久流傳的寓言故事：有個漁夫每天出海只打夠一天吃的魚就回來，午飯後和妻子睡一個午覺，下午拿著吉他到村裡的小店和小朋友們唱歌、玩耍。有個經濟學家告訴他應該每天盡可能打多點魚，把魚做成罐頭，後面要成立自己的公司，接著上市。漁夫不斷地追問：「然後呢？」最後經濟學家說等漁夫到退休年齡就把公司給兒女們管理，他就可以回到村子裡每天飯後和妻子睡一個午覺，下午拿著吉他到村裡的小店和小朋友們唱歌、玩耍。漁夫最後反問：「我現在不是在過這樣的生活嗎？」

這個很多人都知曉的道理，唯獨在成都被詮釋得更淋漓。我倒覺得李白的「人生得意須盡歡，莫使金樽空對月」這句詩，是專門寫給成都民眾的，太契合成都人的生活態度了。茶館是成都最亮麗的一道風景線，也是這個城市氣質的具象體現，倘若能用「三步一小廟，五步一大寺」來形容台灣宗教的興盛，那一定可以用「三步一茶鋪，五步一茶樓」來描述成都的悠然自得。在成都，大街小巷，茶館如雲，而且涵蓋各個消費層面，從陽春白雪到下里巴人，都觸手可及。成都的茶館熱鬧非凡，賣瓜子、賣花生、掏耳朵、擦皮鞋、舒筋骨、搓麻將、打長牌、談生意、聽小曲、悶瞌睡、寫文章，五花八門應有盡有，各種職業各種年齡段，幾乎都對茶鋪情有獨鍾，擺個龍門陣，點上一杯茶，叫盤小花生，半天嘩地就沒了。四川茶館的多功能性，還真不亞於台灣的全家、7-11這些便利店。

這些年，四川省接連遭受地震重創，成都都有受到波及。在一些新聞報導中，我們可以見到，餘震期間，在避難廣場上，一些成都市民可以臨時搭場搓起麻將疊起長城，這是「今朝有酒今朝醉」心態的極致詮釋，即便他們面臨的是滅頂大災難，隨時可以亡命。在汶川地震中，一個小男孩在廢墟中被掩蓋了三天三夜，經歷難關終於被解救出來，可是他躺在擔架上，第一時間開口說的是：「叔叔，我要喝可樂，要冰凍的。」這一刻，四川人及時行樂的性格也得到體現。

有時，我在想，成都究竟有多大魅力，其實看一下我身邊的同學即可。我大學班級裡，有一半同學來自廣東省以外的地區，然而畢業之後，多數留在廣東，或者奔往境外，唯有兩位四川同學全部回歸故鄉，紮根成都。很多人對家鄉的愛，直落在口頭上，而成都人卻落在了行動上。更過分的是，班上的另一個重慶男生，也奔往了成都。

有句話叫做「少小不入川」，意思是那裡太自在了，會很容易消磨一個人的意志，變得不思進取。這真是件讓人悲喜交加的事。悠閒、安逸、滋潤、享受，在另一個面向，這也確實制約了城市的發展，這也是重慶傲視成都的一個理由。成都與重慶比起來，且不說其他，只是都市感就弱了很多，它看上去不像一個大都市，缺乏了些重慶的繁華與熱鬧。然而無論怎樣，成都作為重慶長者的地位是不可撼動的。即便它都市感欠佳，可比起一些大都市，我還是更中意成都，就如同比起香港我更傾心台灣一樣，因為它的美不在於高樓大廈，而在於老巷舊街，那裡有一股迷人的味道，以及一種悠然自樂的生活態度。

吃喝玩樂是一體的，倘若茶館麻將歸屬於玩樂，那在吃喝這個類別上，成都依舊是佼佼者。如果沒了川菜，整個大陸的餐桌都會變得黯淡，作一個中國人，倘若沒有品嚐過水煮肉片、回鍋肉，那絕對是人生的大瑕疵。即便台灣的夜市小吃廣為人知，有著良好口碑，可只要與成都的小吃比起來，就絲毫都不占優勢。成都小吃歷史悠久、品種繁多，同川菜一樣，具有較高的知名度。成都小吃口味很多，著名的就有：擔擔麵、夫妻肺片①、八寶粥、鐘水餃②、龍抄手、韓包子、賴湯圓、郭湯圓、白家肥腸粉、盤飧市鹵品、三合泥、紅星兔丁、二姐兔丁、廖排骨、冒菜、川北涼粉、葉兒粑、酸辣豆花等。如果不是因為扛不住辣的緣故，作為非吃貨的我一定會有連吃三天三夜的衝動。在吃貨③越來普及的大環境下，成都只是靠食物方面就可以散發著強大的引力了。

說到吃，在台灣聞名遐邇的牛肉麵，就來自眷村的四川籍老兵，由於隨國民黨退守到台灣，常年飄零在外，思鄉心切深濃，他們嘗試通過食物尋找自己家鄉的味道，於是，在成都菜「小碗紅湯牛肉」的基礎上加工改良成了獨到的台灣牛肉麵。其實，四川跟台灣有著深度的牽連，成都是中華民國在大陸控制的最後一個大城市，一九四九年底，蔣委員長攜家眷正是從成都飛往台灣的，當時四川作為國軍的大後方，很多退守台灣的士兵都是四川籍民眾。因此，四川人成為了那次台灣大移民浪潮的主要構成部份，這使得在台灣的很多眷村，四川話往往可以成為通用語言，尤其在空軍眷村。

這樣看來，四川應該是除了福建以外，與台灣最血脈相連的一個省分了。

①四川漢族特色小吃，以牛頭皮、牛心、牛舌、牛肚、牛肉為原料，並不用肺。
②成都著名小吃，始於光緒十九年，創始人鐘少白。
③多指特別會吃、特別愛吃的人。

唯有安逸最逍遙

翩翩

從機場出來，行走在高速路上，打開車窗，窗外發酵著一股火鍋的辛辣之氣。

成都就是這麼一座城市，與上海不同，從不恥於將下里巴人的粗鄙喜好表露在身。若拿人做喻，上海是那從陰暗弄堂走出來，腋窩內都要噴上高檔香水，有著丹鳳眼、玲瓏腰的名媛佳麗；而成都就是肩搭一毛巾，行至累處，找一石台一坐，盤個二郎腿，一碗芝麻醬涼麵，都吃出滿面紅光的愜意挑夫。

城市有自己的氣味，而城市的氣味也吸引著不同品性的人。都說「少不入川」，是說成都的安逸太能消磨一個年輕人的打拼鬥志。看那以最舒服的姿勢，倚在竹靠椅上，一張報紙搭腿，瞇著眼睛補覺的……竹靠椅像連天荷葉，齊刷刷從後院擺到前廳，堂倌拎著紫銅壺穿梭其中，為茶客添茶倒水，茶大都是十元、二十元一杯的二花、三花①，不比拼富貴，喝的就是一份便宜的自在。

①成都茶廠的茉莉花茶很有名，茶葉按等級分為特花、一花、二花、三花、花末。

都說便宜無好貨，可成都恰以一份「便宜有好貨」的老實邏輯征服了中華兒女千千萬挑剔的味蕾。回鍋肉、宮保雞丁、魚香肉絲……在中國，隨便你鑽進一家破敗的巷子裡，都有那麼兩三家川菜館，呼喚著你饑腸轆轆的肚皮。分量大多夠足，湯汁淋的濃稠，色彩配的鮮豔，一碗八、九塊錢的蓋飯，菜都擠到了碗沿邊，就算是在地鐵上被擠的大汗淋漓，思鄉心切，聽店老闆在後廚端鍋炒菜，火舌呼呼地叫，都覺得，這繁華而艱險的城市，也有自己的立足之處。

我常喜歡逛一些市井氣濃的地方，因為粗糲之處更現真性情。二〇〇八年汶川地震後，我作為志願者在成都，一天，天陰而無雨，本有一肚的傷感想擠出來，安慰當時正在受難的四川人民，誰知地下商場，荷花批發市場裡的攤位們都運作如常，連那沿街叫賣豆腐花、串串香、冒菜的小販們都一副喜上眉梢的表情。傷感無處遁地，便轉成消費欲，剛好看到一膀大腰圓的婦女，手提一款式好看，價格實惠的牛仔短褲在吆喝，上去捏撿面料，到廁所換上，卻發現怎麼都拉不上拉鍊，忽覺天旋地轉，樓層像抖塞子式地左右晃蕩，扶著廁所牆壁，一路顫巍巍地逃至婦女處。口中那句「大姐，您能給我換一條唄？」還未說完，婦女隔空扔了幾條牛仔褲出來：「都地震嘍，還換啥子牛仔褲咧！您看著哪條喜歡就拿哪條走了唄。」我以為她急於逃命，連生意都不想做了，卻見幾個麻友在樓下半側著臉，搖著手臂，四排麻將已在綠布上列成一四方笑臉，婦女扭臀翩然離去，留下我滿頭愕然……。

都說成都人視麻如命，特別是在這生死攸關的時刻，都不忘享樂那麼兩把。其實不光是成都人愛打麻將，中國的各大城市，都愛摸那麼兩把，還發明出了不同玩法，有武漢打法、成都打法、新疆打法……早些年，胡適留學時，曾說過麻將牌忽然行到海外，成為出口貨的一宗，歐洲與美洲的社會裡，有很多人學打麻將，後來日本也傳染到了，有一個時期，麻將竟成為了西洋社會裡最時髦的遊戲，俱樂部裡差不多桌桌都是麻將，書店裡出了許多種研究麻將的小冊子，中國留學生沒有錢可以靠教麻將吃飯掙錢，歐美人竟發了麻將狂熱。但很快狂熱褪去，胡適問一美國朋友原因，他說：「太太們喜歡麻將，男子們卻都反對，終於男子們戰勝了。」胡適認為，「西洋勤勞奮鬥的民族絕不會做麻將的信徒，絕不會受麻將的征服，麻將只是我們這些好閑愛蕩，不愛惜光陰的中華民族『精神文明』專利品。」但我卻有些不同觀點，與猶太人對宗教的強烈贖罪欲，日本人對物資匱乏，天災頻發的多年危機教育不同，中國素以「故土博大、物資豐足、氣象安穩」等聊慰民眾，在這樣「不差錢，不差罪」的文化浸染裡，大部分人都養成了知足常樂的情懷。輕鬆的活法也並非一件壞事，美國有橄欖球，日本有相撲，中國就有這四人圍在一起，喝著熱乎乎的花茶，談談家長裡短的「國麻」運動——麻將縮近了各座城市的文化和人的背景差異。輕鬆可以很快的遺忘傷痛，達觀地看待未來，而非活在凝重的懺悔裡，用高壓來禁錮自由和折磨內心。

國人並非不講究，只是他們更多的活在當下，講究當下獲得快感。就說成都人好吃，一碗成都涼麵，花椒分兩色備齊，青花椒、紅花椒各裝一碟，用小火熱鍋烘香，研磨成粉後，再加紅油和肉糜；辣椒加花椒蒸入鍋，再加甜麵醬、少許醬油和蔥花，熬成酒紅色的肉臊子。剁幾顆獨頭蒜，白滾滾的蒜瓣切開，碾碎，碾成這如米粒般晶瑩大小的蒜泥，麵蒸熟後澆層熟油，拌勻吹涼，再灑上沸水煮燙的綠豆芽；用芝麻醬、醬油、紅油、糖、蒜泥，醬油、花椒粉拌成濃汁，淋到麵頭上，碗底鋪一層濕漉鮮亮的綠豆芽，麵頭澆幾勺肉臊子……手在膝蓋上那麼一敲，拍子陣陣，聽收音機裡唱一齣摺子戲《貴妃醉酒》，蒲扇搖來一陣涼風。繁縟程度，不亞於三請軍師、謀略圖紙，及征服一座城池的層層計算。

成都人的懂於享樂，更體現在他們把自己肌膚的每一角落，都伺候的舒服熨帖，真所謂「人至極用」。滿大街的洗眼、洗耳、捏腳、洗頭等，恨不得把「舒服」澈底灌到每一個毛孔連著組織液裡。有人活色生香地描述掏耳的感受：「每個茶館都活躍著人數不等的舒耳郎②，小茶館一至二人，大茶園四到五人，還有些舒耳郎祖傳手藝捨不得丟，就自己開鋪面，每天閑坐等顧客上門。不用擔心他們生意蕭條，採耳③靠的是手藝，最簡單的一次也要二十元，如果你耳朵裡有耳石④，還得再加錢。舒耳郎會先用竹耳扒把外耳道清理乾淨，然後慢慢深入為你掏出耳朵裡的耵聹⑤，他們手裡的工具就要輪番上陣：頭燈即使是白天也要戴起照明，鉤針用來取出較大的耵聹，銅絲鵝毛棒和清音鋼震子是最『銷魂』的法寶——等全部清理乾淨，舒耳郎就會把鵝毛棒深入耳道，外側用鋼震子輕輕敲打，鵝毛在耳朵裡來回震動的感覺都能讓人舒服得睡過去。」

「舒耳郎不僅管掏耳朵，還管按摩，捏捏肩頸，捶捶後背。喝茶舒心，掏耳朵按摩則是養身。不要小瞧了這掏耳朵的技術，給你整舒服了，巴適得很……」

成都人口中的巴適，就是舒服的意思，這詞的出現頻率，和五分錢，一毛錢的串串在大街上頻現的概率一樣，五分錢你還能吃到什麼？可你看那成都人嘴巴吃

② 提供掏耳服務的技師。
③ 挖耳的文雅說法。
④ 結成塊的耳屎。
⑤ 耳屎。

的巴滋生響，盤底上鋪著一層還未捋淨的肉串和海帶、豆腐、蝦尾等。就像吃火鍋要加燉綿的豬腦花，吃兔腦殼要配上微啟的鴨唇一樣。一道菜的配料和一份菜要燉到幾分熟方能撈出入口，這對吃飲的工序講究和不緊不慢的步履，背後都滲著對生活的熱愛和對生命的，每一秒每一秒的珍惜。

陝西・西安

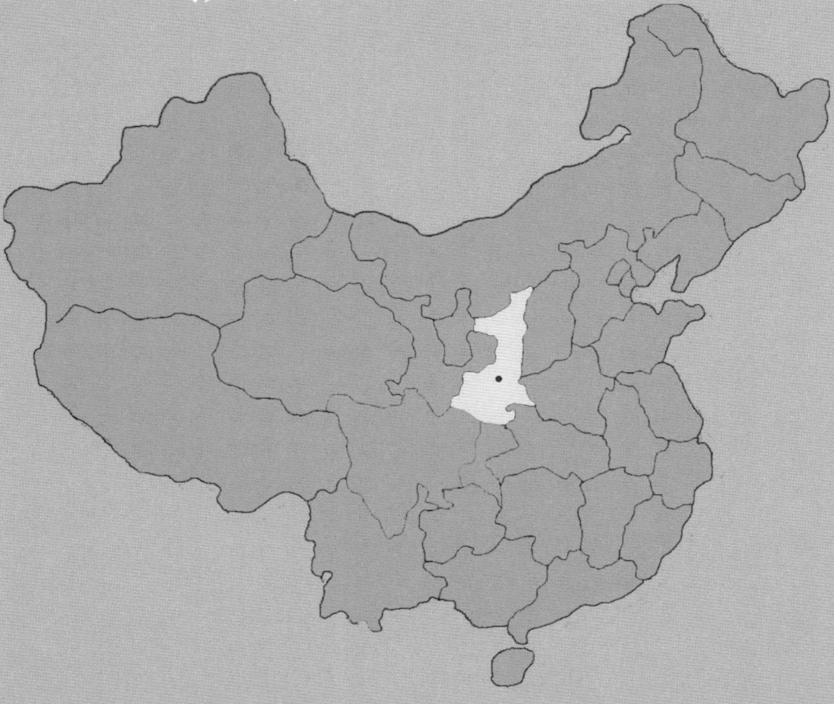

秋風吹渭水，落葉滿長安

「渭城朝雨浥輕塵，客舍青青柳色新。勸君更盡一杯酒，西出陽關無故人。」這首感傷的詩句，道出內心的蒼涼。出了西安，再往西去，窮荒絕域，大部份將是大漠孤煙直①的景象。地理位置上，西安是大西北地區的關口，無論是前往新疆、甘肅、青海，還是寧夏，在陸路交通上，往往都難免要經歷西安這一關。

西安就是屹立在蒼涼邊的萬年不朽，這個城市擁有六千多年的歷史，而在這個時間跨度內，有一千兩百多年的時間是作為政治經濟文化中心的首都，它是中國歷史上建都朝代最多，影響力最大的都城，老北京在古西安面前不過是個年輕的小夥子。放在歷史長河中觀望，西安才是後宮正室的皇后娘娘，而北京不過是帝王眼下的寵妃。當然，將西安女性化的這個比喻並不恰當，當你置身其中後，會發現這個城市明顯是漢子的形象，那斑駁的城牆、巍峨的角樓、齊整的垛口，以及那端正厚重的晨鐘暮鼓，那古樸雄渾的大小雁塔，會讓一股豪雄之氣從歲月的谷底升起，雄性荷爾蒙的氣息撲面而來。而喜喝西鳳②、樂吃泡饃③、擅吼秦腔④的西安人，也正在用西鳳的性烈、泡饃的味重、秦腔的高亢釋放著強烈的雄性跡象。西安沒有廈門的文藝，沒有杭州的端秀，沒有上海的嫵媚，沒有廣州的陰柔，它是陽剛十足的漢子。其實，北方的城市多數具有男性色彩，諸如瀋陽、蘭州、洛陽等。但是倘若那些北方城市是威猛的中國國家男子足球隊的隊員，那西安則是剽悍的美國籃球夢之隊的隊員，他的男人味更濃烈些，更值得追捧。在整個大陸，西安是最陽性的一個城市，沒有之一⑤。

只是，西安作為一個漢子，老了些，活力不足，滄桑有餘，舉手投足間，顯現了一些無力。當黃土高原的蒼涼壯闊成為他的幕布，舊城廢都的遺跡瘡痍成為他的注解，改朝換代的歲月變遷成為他的腳本，它顯得沉重。生活在這個城市，眼前除了黃土地，幾乎就是灰色的天空，灰色的城牆，灰色的屋頂，會給人沉悶壓抑的感覺。不知道這個城市特有的內在屬性，是否賦予了這裡民眾一種獨特的性格。但是從西安走出來的那一群人，從他們身上，很容易察覺到他們的一個通性，敏感、倔強、陰鬱，頹廢，但不絕望。

鄭鈞、許巍、張楚，這三位來自古城西安的搖滾歌手，他們的音樂伴隨著我的成長，在

①出自王維《使至塞上》一詩。
②指西鳳酒，一種產於陝西省鳳翔縣的鳳香型大麴白酒。
③中國西北流行的一種小吃。
④又稱「亂彈」，中國戲曲曲種之一，源於西秦腔，流行於中國西北地區。
⑤強調、表示真正唯一的說法。

我關於音樂的青春記憶裡，占據很大份量。在他們早期的歌詞中，很多充斥著這個城市的痕跡，西安是孕育他們音樂的溫床，而腳下的那一片黃，是滋生他們的土壤。

張楚的《西出陽關》：

我坐在土地上，我看著老樹上，樹已經老得沒有模樣。
我走在古道上，古道很淒涼，沒有人來，也沒有人往。
我不能回頭望，城市的燈光，一個人走雖然太慌張。
我不能回頭望，城市的燈光，一個人走雖然太慌張。
我站在戈壁上，戈壁很寬廣，現在沒有水，有過去的河床。
我爬到邊牆上，邊牆還很長，有人把畫，刻在石頭上。
我讀不出方向，讀不出時光，讀不出最後是否一定是死亡。
我讀不出方向，讀不出時光，讀不出最後是否一定是死亡。
風吹來，吹落天邊昏黃的太陽。

從老樹、古道，到戈壁、邊牆，無不透露著蒼涼，那種歲月的積澱足以穿越人的脊樑，整首歌詞都在訴說這個大漠邊塞城市的淒荒與沉重，以及對生存的困惑與迷茫。

秦 陝西・西安

在他的另一首歌《愛情》：

你說這個城市很髒，我覺得你挺有思想。
你說我們的愛情不朽，我看著你，就信了。
我躺在我們的床上，床單很白。
我看見我們的城市，城市很髒。
我想著我們的愛情，它不朽，它上面的灰塵一定會很厚。

整個字裡行間流露出頹廢的腔調，而「我看見我們的城市，城市很髒」，也算是對他眼中西安這個城市的客觀描述。透過陣陣風沙，拂過滾滾黃塵，這是一個輝煌垂暮的長安。

鄭鈞為他的故鄉城市寫了一首歌《長安長安》：

生命沒有了，靈魂他還在
靈魂漸遠去，我歌聲依然
一路西行一路唱
唱盡了心中的悲涼
我生來憂傷

但你讓我堅強
長安，長安

遙望著殘缺，昨日的城樓
吼一句秦腔，你熱淚縱橫
娘親還守在城門外
妹妹在風雨中等待
她生來憂傷
但我讓她堅強
長安，長安，長安啊

寒夜常夢見，你鶴髮童顏
此去幾千年，誰將你陪伴
一路西行一路唱
唱盡了心中的悲涼
我生來憂傷

秦　陝西・西安

但你讓我堅強
長安，長安，長安啊

通過他的鄉情釋放，我們可以洞悉一個西安在地人眼中的故鄉。無論是憂傷、悲涼、堅強，還是殘缺的城樓與嘶吼的秦腔，都是這個城市的寫真。他，有著一個亙古不變的名字，叫做長安，而西安不過是他短暫的暱稱。

許巍早期的歌詞，更多感受到的是他面對著壓抑在追求著釋放。從《浮躁》、《水妖》、《藍蓮花》到《完美生活》，無不在抗阻現實的沉悶，而宣洩對自由的渴望。他的聲音陰鬱，歌詞頹廢，然而其中始終殘存著一絲倔強的希望，就像他的城市一樣。從沒有哪個城市可以達到西安的歷史高度，他是孤傲的；而繁花似錦已成過眼雲煙，蒼涼如今瀰漫這塊黃土高原，作為被遺棄的古都，他又是落寞的。這樣看來，張楚的那首《孤獨的人不是可恥的》似乎更像是西安這個城市的自吟自唱。

每一個曾經的古城在步入未來建設的征程中，都會有陣痛。這種痛感，在中國的歷史名城中普遍存在，而西安則是最痛不欲生的一個。遙遠的歷史並不能禁錮現代建設的腳步，即便再苛刻的建築限高，也攔截不住一顆摩天大樓的心。即便古長安作為城市規劃教科書中的典範，也抵不過財大氣粗開發商的盤算，他們和官員們吃上幾頓飯，就可以毀掉這個不可超越的典範。隨著城市過度開發，很多時候，我們只能在某些角落和某些歷史遺跡那裡憑弔曾經屬於這個城市的輝煌。在這一點上，西安與北京是一對難兄難弟，他們都曾是歷史的垂青者，得以古韻附身，只是如今都淪為現代城市的犧牲品，不倫不類。聽說西安和北京一樣，都是屬於秋天的城市。古有「秋風吹渭水，落葉滿長安」的美景，而今，十月長安，城郊的秋陽之下也會一片火紅，古城牆腳下，秋風吹撒的落葉在沙沙作響，輕撫這城市的歷史餘溫。不冷清、不蕭瑟、不寂寥、不悲涼、也不質樸，他只是在與繁花似錦作一次溫存，直到成泥碾作塵。

然而，我並不曾觸及過西安的秋天，我只經歷了這個城市的盛夏，記得那天，高空烈日，黃土在腳下悄然無息，高亢的信天遊⑥也已沉寂，鐘鼓樓的聲音，穿越浮塵下的歷史，飄入萬里外的雲層，我對著一碗臊子麵，手握著肉夾饃⑦，在街邊路口，看著人來人去。在這個肆意激發著懷古傷今氣息的地方，我抵擋著回民街的喧囂與熱鬧，沉浸在自己的情緒，忽然心想，去他媽的古韻遺氣，有麵有饃就夠了，當然，最好再來份涼皮。

⑥又稱「順天游」、「山曲」、「爬山調」，是流傳於中國西北部晉語地區的一種民歌形式。
⑦中國陝西著名小吃，也稱「臘汁肉夾饃」，有非常悠久的歷史。

亙古遺城

徐鈺彬

從出生到現在，一座城，二十多年，想必已經對這片土地有了很深的感情，世人眼中，這裡或許更多是以沉的姿態出現，而在我眼中，它沉駛在歷史的軌道中卻包容著現代的輕快。在台灣的時候，很多人不知道這裡的現在，他們熟悉的是這裡的過去。在城市發展的軌道中，一棟棟現代化的鋼筋混凝建築土占據了一座座「城」，如今，中國僅存的相對完整規模較大的皇城就在這裡——西安，歷史上的長安城。

沒有城牆的西安是不完整的，每次歸來看到城牆都會有一種歸屬感。西安現有的古城牆，是明朝時候留下來的，用大塊的青磚砌築而成，嚴肅莊重，刻滿了滄桑，在上面能聽到風在吟唱這裡發生過的風風雨雨。城外有寬闊的護城河，與城牆一起守衛長安城。也將西安市分成了城裡和城外兩部分。於是乎，「進城」這個詞在西安又多了一層意思：進到城牆裡面去。記得小時候爬上城牆，從城牆上的垛口向外遠眺，想像自己是古時候的一名將領，帶領袍澤狙擊城下來犯的「敵人」。站在城牆上往城內看，那裡林立著一座座古色古香的老宅，又想像自己成了富人家的老爺，坐在轎子裡聽著小販的叫賣聲……。

每年的元宵節燈會，大概是這裡一年中最熱鬧的時候，人們蜂擁而至，從南門的甕城到城牆上蜿蜒幾百米，我從小到大看過很多次，即使是在這樣一個資訊化的時代，傳統的燈會仍然是家庭、親朋聚會值得一去的地方。

城牆根下低矮的民屋老宅，如今很多已經被改做旅館和酒吧，而城中心則重新修建成了現代都市的樣子。陽光下的城牆人家，從上往下看是一層層青黑色屋簷，屋頂的瓦片上都是風塵積聚的黃土。沿著城牆根邊的青石板路，可以慢慢地逛很久，有著一個都市中心少有的寧靜，同時你也會發現很多別樣的美景。

小時候到了週末就會讓父母帶著「進城」。「進城」，大概只有在西安有這樣的說法了。從宏偉莊嚴的南門進城，在城牆下左右分立的兩塊牌坊後面，是完全不同的兩條街，右邊門口佇立一座古塔，在讀了建築歷史以後才知道這座塔是被移到這裡的，稱寶慶寺塔，這裡就是書院門的入口。

書院門起源於明、清兩代的關中書院，這裡曾是文人學士的集聚之地。時代變遷，直到上個世紀的七〇年代，幾百年的風霜雪雨使其變得破敗不堪，後來經過翻修重建，形成了現在「書院門古文化街」，街道地面為青石鋪砌，向東走的盡頭便是碑林，兩旁青一色的仿古

秦 陝西・西安

建築，多以經營展出精品字畫、印章、文房四寶為主。碑林更有許多聖儒、哲人的墨寶、石經。我曾經在這裡買過紙扇，小有情趣地潑墨一番。走在青石板路上，偶爾聽到腳下從石板縫中傳來吱吱聲，腦海裡浮現一排有幾百年歷史的老宅子，感受到滄桑與厚重。偶然一次下雨天來這裡，發現更是別有一番韻味，躲在灰瓦的屋簷下，聽著雨滴落在石板上，想像著江南的煙雨朦朧，也不過如此了吧。

與書院門相對是湘子廟街，不過這裡真正要說的是湘子廟街北邊連著的德福巷了，這裡是西安的酒吧街之一。上世紀九〇年代開始改建，經過了二十多年，這裡的建築風格各式各樣，但也和現在的西安城融合地恰為其分。白天在巷子裡經常能碰到幾對拍婚紗的，新人們臉上的笑容與身後新穎獨特的背景融成一幅幅美妙的畫面：場景獨特、人物鮮美。但這裡真正的「生活」是在太陽落山以後：三五成群的年輕人、金髮碧眼的外國遊客……漸次登場，開始尋覓和享受屬於他們的夜生活……。

時代在發展，城市的範圍早已越過城牆，年輕的一代人大多搬到其他地方居住。所以在護城河畔的環城公園每天都會聚集很多老人，他們住在老宅沒有搬走，他們還留戀雄偉的城牆、昔日擾鬧的集市，也守護著西安的傳統藝術——秦腔。每逢夜幕降臨，天氣轉涼變得舒適起來，老人們都會帶上樂器，圍成一圈吼起秦腔。這些都無需排練，因為秦腔是祖祖輩輩傳下來的藝術瑰寶。雖然我從小一直生活在這裡，也還是和大多數年輕人一樣，對戲曲藝術缺乏興趣，但偶然路過湊上去聽幾段，依然能夠從中感受到陝西人的淳樸敦厚、勤勞勇敢。

對於外地來的遊客來說，秦腔不一定能打動你的心，但這三秦大地的美食一定能抓住你的胃。能把這些美食一網打盡的地方還在這座城牆裡面，城中心鐘鼓樓旁的回民街。之前帶著一些從香港來的師生，有個老師講這是今年第三次來了，似乎比我們去的次數還要多。在這裡有著很多大大小小的巷子，聚集了各種各樣的小吃，「西安美食」裡面的經典小吃大部分可以在這裡找到。夏日裡你可以吃碗酸辣勁道的涼皮，搭配剛出爐、香脆可口的肉夾饃，再喝上一瓶冰鎮的「冰峰」汽水，不喜歡吃辣的朋友就點上一碗滑爽的漿水麵吧。吃完這些，炎炎的夏日就已經在舌尖上消失不見了。冬日裡也可以來上一大碗酸辣鮮香油潑麵，或者一大碗公、熱乎乎、肉爛湯濃的羊肉泡饃。要是能趕上正月裡來西安，喝上一碗桂花稠酒，你也會發出一聲「不是酒，勝似酒」的讚歎！在這裡，你可以敞開肚子吃上一天，用你的味蕾去感受大西北的豪爽。

講到西安，很多人第一反應是兵馬俑，其實兵馬俑距離西安城區是有一段距離的。對於生活在這裡的人，大小雁塔應該是更熟悉的地方。小時候記憶中的大小雁塔是十分蕭索的，周圍是破敗的平房，路面也是黃土飛揚。如今大雁塔已經是曲江新區中一個大眾休閒娛樂的

秦 陝西·西安

地方，如果說起去哪裡玩，這裡一定是很好的選擇。氣勢恢宏的音樂噴泉在國內應該也是數一數二的，尤其是在這一片有歷史的大雁塔前，古今的對話在音符與水舞中跳動。在這裡，街邊的路燈刻著古人描寫曲江的詩詞，有時候能聽到旁邊的幾位老者在路邊談論這些歷史經典，一個穿著普通的人或許就蘊藏著深厚的文化積澱。

古時候有長安八景，八水繞長安的典故，今天的西安在逐漸恢復這些，曲江流飲便是其中之一，西安南面的秦嶺也為城區的大眾提供了最原始自然的水源，以前經常有人說這裡缺水，實則不然。秦嶺山脈為西安提供了很多豐富的資源，同時這裡也是旅行休息的好去處。西嶽華山，東部最高峯太白山都在這裡。上中學的時候爬過這兩座山，第一次夜裡爬山、早上看日出是在華山，第一次爬雪山是在太白山，這

些同樣是西安附近的美景。

雖然西安已經不是從前大唐盛世時候世界最大的長安城，但是依舊是一座城，在這個東方文明與西方文明碰撞的時代，似乎也只有這裡能夠看到一些殘存的中國傳統歷史文化。當我們行走於城牆腳下的碑林，看那些或工整或狂放的筆觸，亙古之思不曾間斷，他們在喧鬧中安靜地鐫刻著這個民族的歷史，屹立在鋼筋混凝土旁邊，與這座城將永遠延續下去。

福建・廈門

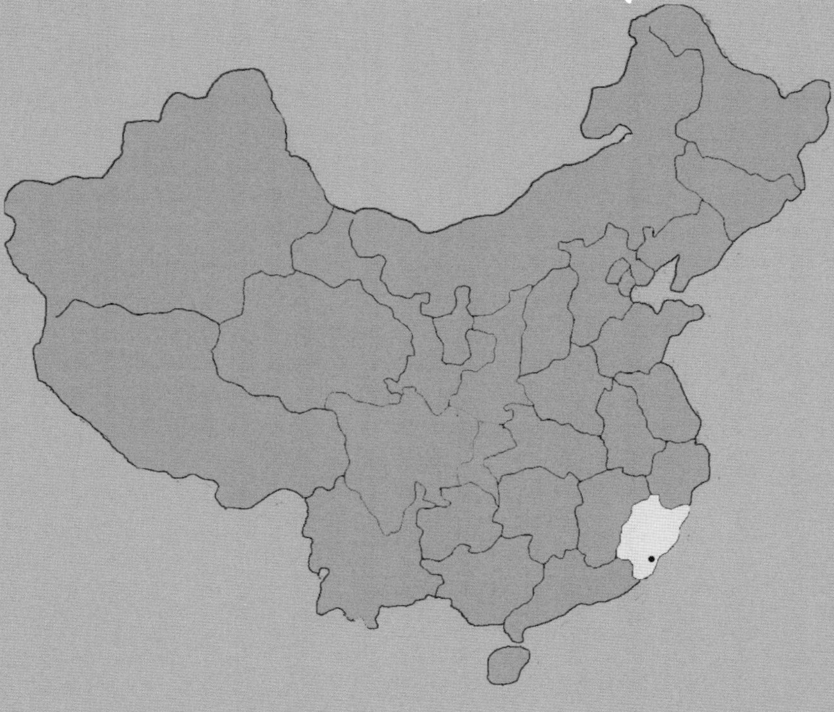

一灣淺淺的海峽

高中時期，在我的課桌上刻有四個字——中山大學，它作為全國最幽美的十所重點高校之一，是一種發自肺腑的深刻嚮往。後來，與其他人談及此事，很多人都表達有類似的經歷，只是他們幾乎清一色的是廈門大學，方恍悟，這所同樣作為校園環境十佳之列的學校承載了更多少男少女在中學時代的青春夢想。

它不只是有山有水，更有海，課餘飯後，走出後門便是白城沙灘，或與友人談笑風生，或與情人攜手漫步，或孤身獨處冥想；即便不出校門，徜徉在被歲月洗禮的傳統建築物群內，穿行在枝繁葉茂的林蔭大道，也會得意盡歡，只是校園內的湖光山色，就可盡享登山環湖之間。無論是浪漫情懷，還是人文色彩，在這裡都可以滿足，所以它成為眾多學子對象牙塔寄情的共識，可以給人提供意淫無限的可能性。

廈門大學校園之美，在眾多高校之中，處於高端水準，它的美勿容置疑，而這種美同樣放大到廈門整個城市，陽光，沙灘，群山，綠湖，棕櫚樹，古建築，同樣是廈門這個城市煥發魅力的元素。在大陸的海濱城市中，撇開整個海南島，沿著海岸線，從北往南，名聲響亮些的也就大連、青島、廈門，這使得廈門在地理位置上占據絕對優越性，在整個華南與華東地區，大凡對海濱城市有些念想的人，基本上都會想到廈門。當我身處廣州市，在想選擇一個城市吹吹海風、曬曬太陽、親近下海洋，第一個反應就是廈門，而不是基本同樣距離的海南島三亞，與廈門相比，三亞只是個純粹的海洋城市，完全憑藉自然資源，而不具備過多的人文性。

其實，廈門的人文色彩並不算濃重，與那些歷史文化名城相比，廈門的資歷尚淺薄，更不用說拿南京、杭州、蘇州作參照物了，只是與身邊的福州與漳州擺放在一起，廈門就頓顯年輕。但是與只有三十餘年歷史的另一經濟特區深圳比起來，就略顯滄桑了，廈門六百餘年的建城史即便比大連和青島相比，也已算悠遠了。實際上，廈門實質性的城市建設是在近一百年，不過只是在這一百年跨度內，這個城市就收穫滿盈。屬於這個城市的驕傲，位於鼓浪嶼享有萬國建築博覽之稱的建築群，中山路附近的商業騎樓建築群，以及分佈廈門大學以及集美學村的中西合璧式建築，都是這一百年餘來的產物。建築是一個城市人文深度的良性載體，倘若沒了這些建築物，廈門的城市內涵將會被大打折扣，而魅力大減。

鼓浪嶼淪為公共租界是在一九〇二年，自此以後列強各國紛紛於此建立領事館，以及諸多華僑開始修建東西方文化相融的特色別墅，現在鼓浪嶼上的絕大部份歷史建築都建立於二十世紀初的那三十年。這些藝術價值與建築成就頗高的建築，讓這個與世隔絕的小小島嶼遠負盛名，而後期建築功能被置換為商業和客棧，越來越多的遊客登門而至，鼓浪嶼逐漸被賦予了清新與文藝的色彩，以致成了廈門的代名詞，很多人造訪廈門，只是為了那鼓浪嶼。在閃耀的光環下，這些年它的商業價值被極度開發，於是，鼓浪嶼已經不復寧靜，遊人如織讓它喧囂不已。二〇〇八年起，我前後去過五次廈門，每次都會選擇在鼓浪嶼上小住，只是夜宿的天數越來越少。當清晨，被旅遊團的高音喇叭聲吵醒後；當午後，在庭院內逗貓或看書被攪擾後；當傍晚，海邊沙灘的面積小於人群面積後，我覺得跟它說永別的時候到了。輾轉去了海岸線邊的曾厝垵，對那裡為人稱道的三流文藝六等清新基本無感，也宣告了我與這個城市的緣分已盡。

騎樓是炎熱多雨地區常用的一種建築形式，尤其在商業區域，它可以發揮為行人擋雨防曬的功能。騎樓建築融合東西方建築形式，於二十世紀初，在中國的南部地區盛行，在廣東的廣州、江門、潮汕地區，以及福建漳州、泉州，有著大量的騎樓街，只是很多都已經難逃厄運被拆除。鑒於廈門的氣候條件與商貿活動的特點，一九二〇年，廈門把騎樓街市作為規劃建設新城區的主要形式，以粉紅和乳白為主色調，在政府的推力之下，騎樓街道在廈門呈網狀分佈，開始大規模出現。近百年後，即便部份路段的騎樓被拆除殆盡，在思明南路、中山路等街道依舊保留著大量具有精緻秀美的騎樓建築群。規模上的優勢，使得騎樓在廈門顯得更加大氣高端上檔次。騎樓不是廈門獨一無二的建築形式，但廈門卻是最能彰顯騎樓之美的城市之一。在台灣，騎樓也被普遍應用，這也是初入台灣會有身臨廈門老街區的感覺。但是台灣的騎樓多是近現代所修建，在建築藝術成就上比廈門遜色不少，且在台灣，由於土地私人所有，業主意見不統，在同一條騎樓街，鄰里之間常常出現高差，使人行動不便，而更有甚者，將騎樓廊道封閉為室內空間，這種在騎樓中行進被打斷的感覺，猶如撒尿到一半被緊急中止一般。由於貿易商業的內因，騎樓通常散發著濃鬱的市井氣息，這種感覺很是讓人歡喜。

廈門大學與集美大學，承載了這個城市的高等教育。一個沒有知名大學的城市是配不上成為一個聞名城市的，在高校陣營中，中上游水準的廈門大學，也算是一個文化地標，為這個城市的底蘊增添一筆。而這兩所學校為人所知的並不只是教育，更有建築。旗幟性華僑人物陳嘉庚①於一九一八年和一九二一年斥資在他的家鄉廈門創建了集美大學前身集美師範學

①著名愛國華僑領袖，著名華人企業家、慈善家。

校與廈門大學，為了呼應陳先生的身世背景，校園內修建很多南洋風格的建築，相容了東西方建築特徵，經過歲月的流逝，這些建築物脫然而出，為人津津樂道。從陳嘉庚對廈門城市發展的影響力上來看，在廈門，華僑文化儼然成為這個城市的次文化。閩南是華僑的主要輸出地，很多在東南亞富貴之後的閩南人，熱衷於在自己故鄉置業，這點在鼓浪嶼上漫山遍野的別墅群上就能體現。

廈門這些特色之處決定了廈門是個特別的城市，只是，這些特色並不是獨一無二的，它不曾像杭州有著無法複製的西湖，它不曾像西安有著無法超越的歷史，它不曾像深圳有著無法攀比的經濟。無論是海灘、騎樓，還是租界建築、廈門大學，與其他的一些城市比都算不上頂級水準，它多才多藝，卻學藝不精，這些制約了這個城市的高度，然而，能做到多點開花，即便不是怒放，也已難能可貴了。

要說明一下，廈門並非福建的省會，即便比起福州它更廣為人知。廈門是幸運的，在全國知名度和自身影響力上，它算是唯一一個作為非省會城市卻超越省會城市的了。它在歷史上的得幸來自於華僑，而近代的得幸則來自於台灣。在地理位置上，廈門是距離台灣最近的一個大城市，與金門島隔海相望，近在咫尺，這直接決定了廈門入圍經濟特區，深圳的騰飛源於香港，珠海的崛起源於澳門，同樣，廈門的提升源於台灣。海峽兩岸，廈門是這一岸的最前沿，距離上的便捷，使得廈門成為了台灣民眾對大陸最熟悉的一個城市，很多台灣人踏上大陸的第一步就是從廈門開始的。在兩岸解凍前，廈門就有無數少年悄悄收聽台灣的廣播電臺了，這使得廈門民眾成了對台灣歡迎度最高的一個群體，所以在陸生政策開放的當下，大學部陸生群體中，來自廈門市的學生是最多的，而在台灣研究所陸生生源學校統計中，廈門大學每年都位居榜首。

在大陸所有大城市裡，廈門與台灣不僅是往來最頻繁，而且是相似度最高的一個了，在一些舊街老巷，如果忽略簡體字與繁體字的差異，兩邊的城市景象幾乎一樣，即便是交談，也同樣是如出一轍的閩南腔。

寧靜以致遠

史紅雁

廈門，這個近年來成為旅遊大熱門的城市，是我的故鄉。每每被問起，我從何處來，在聽到「廈門」之後，對方總會興奮地和我談起鼓浪嶼，談它的小資，談它的浪漫，或者開心地和我回味起某某沙茶麵，以及各色美味小吃。或許，這便是遊客心中的那個廈門——海與洋房，海鮮配各色小吃，他們的廈門是擁有著這些的小資慢生活，正如大理、陽朔、麗江之於我；而廈門之於我，卻是家、是港灣、是牽掛，小資與浪漫，這不著煙火氣的詞，是不屬於我的廈門的，我的廈門，她是鳳凰花、是颱風天、是烏龍茶，她是媽媽的飯菜、是朋友的小聚，她是青春，伴著絲絲的思索和嫋嫋的感動。

鼓浪嶼太喧囂，那琴聲叮咚的世外桃源，早已不在，甚至連廈門大學校園內也開始有手持單反①的成群遊客，而這些，都不是真正的廈門。這個小城的魅力在於她的溫和寧靜，那樣的一種閒適，是會讓人從心底漫出平靜來的。每當歸家的航班降落在高崎機場，我感受著那潮濕溫暖的空氣，便在心裡默默細語：我回來了。那是熟悉卻又略帶陌生的感覺，或是因為在那一刻，我還未完全從異鄉的空氣中甦醒過來。但很快，那閩南語和那帶著閩南味兒的普通話就澈底喚醒我，告訴我這就是家，我的家，我的廈門。

廈門的四季，總是綠樹繁花。而我最愛在鳳凰花開的時節回到廈門，看那一片片如火燒雲般的絢爛和輕盈。我有時候覺得，這樣的安排多麼有趣，鳳凰花是放肆熱烈的，而廈門卻是溫和悠然的，藍天白雲下那如火焰般怒放的夏天是我此生永遠的牽絆。鳳凰花開兩季，一季送畢業生另一季迎新入學，這是廈大最喜歡的宣傳詞之一。或許正因如此，經歷了在火紅的夏天與同學分別、與青春揮別的我，鳳凰花的那些離愁別緒早已忘卻，但當我又回到當年的校園，凝望那一片烈焰的時候，不由在想，人生會不會只是一個迴圈，當我追尋奔跑之後，是不是將回到了這裡，站在鳳凰樹下頭頂如火的紅雲，只是物是人非，不由覺得些許的惆悵，憶起當年的自己，站在廈大那個鳳凰花開的路口，不捨離開也不願離開，因為知道一旦邁出那一步，人生便再也不能回頭。回頭？這念頭多少有些孩子氣的。人生不回頭也罷，我們總是要勇敢地朝前，有時候在下一個路口或是在轉角處邂逅美好，認識新的朋友，體會新的人生。

①單眼相機。

鳳凰花於我有如此意義，所以，我總是建議我的朋友們在鳳凰花開的時節造訪廈門。我喜歡帶他們去騎樓庇蔭避雨走廈禾老街，去華新路或附近公園看紅磚老房。那老房頂必有一個大大的露臺，院子裡總要有一兩株榕樹，或枇杷，或玉蘭，我們在午後泡一壺烏龍，看慵懶的貓兒蜷在樹蔭裡午睡，彼此只閑閑地話著家長裡短，沉默之時彷彿還能聽到花瓣掉落。

紅房子，老榕樹，海灣上的漁燈
在我的眼睛裡變成文字
文字產生了聲音
波浪般向四周湧去

這是舒婷②的詩，浪漫至極。我是俗人，卻也曾擁有這場景，它是我小時候的記憶。當時的夏夜，我們搬張躺椅在院子裡看銀河耿耿星參差③，輕搖羅扇撲流螢，這感受現在回憶起仍如此真切，叫我這在外遊蕩的人不時惦記。而今城市建設修立太多高樓，千篇一律，老建築幾乎被拆盡，如同老北京的四合院，快要變成往事了，真是叫人惋惜、叫人唏噓，所幸還有那麼一兩處能讓我和夥伴們重溫童年，有些許寬慰。

我有個朋友說廈門的海太髒，我也只能默默無言。的確，白城那片海如今難以下水，汙染太甚。當年我在廈大讀書的時候，每逢漲潮的傍晚從宿舍的窗子遠眺，便就看到那片海如同下餃子般的熱鬧，而我和小夥伴們更多的是去海灘上散步，有時候就坐在海邊看白浪拍岸，默默地各懷心事。面朝大海的日子，春暖花開的人生，如此美麗。如今，當年與自己一起看海的人兒們已各自散落天涯，但那片海那片沙依然如故，雲捲雲舒潮起潮落。

或許每年都要面對颱風，造就了廈門人性格的淡定，而廈門的節奏就是一種晃晃悠悠，體現在每一方面。每次從魔都回到廈門，我的心都不由變得柔軟，腳步變得悠然。這裡的人生沒有那麼多的倉促，不需要那麼的追求，連說話的語速都變得綿軟。有時候聽到兩個本地人拖著尾音用閩南話在閒聊都能讓我覺得美好，內容並不重要，我喜歡那樣一種氣場。面對越來越多的遊客，廈門人的心態是友善而開放的，遇到問路，他們是熱情的，有時候答錯了還要追上去更正。可是這兩年盲目擴張的旅遊加上遊客素質的良莠不齊開始讓本地人感到不堪重負，甚至於談鼓浪嶼色變，因為那人頭攢動的場景實在讓人心生畏懼。想想也是，寧靜溫和才是這個城市原本的標籤，可是現在每逢節假日的擁擠實在讓這個溫情小城變得不安，也失去了它原有的特色。

---

② 中國當代女詩人，朦朧派代表人物。

③ 出於溫庭筠所寫唐詩《雞鳴埭曲》。

但，廈門在我心目中永遠是那個輕柔淡泊的地方，是我受傷時想要投靠的港灣，承載著我的青春，也將承載未來的地方。那一方天空總是那麼清澈，留在那裡的人兒總是我的牽掛。面朝大海，春暖花開，是吾心嚮往的生活，終將複製的美麗。而在寫下這段話的時候，我才發現，我和大部分的廈門人一樣，是有廈門沙文主義情結的。我對這個小城的愛從未減少分毫，只是平時輕輕地埋藏。

雲南・昆明

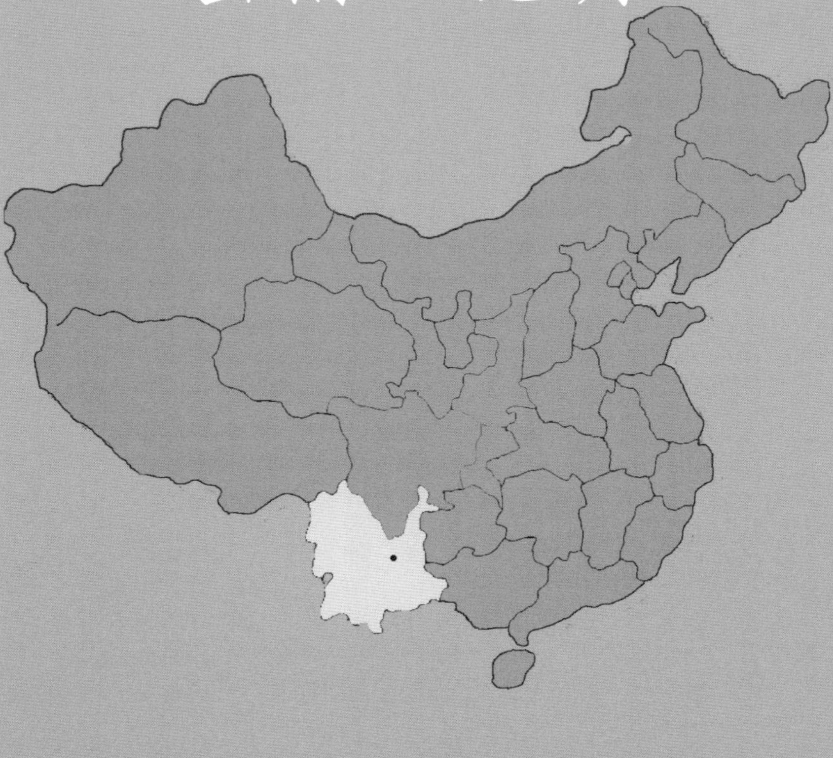

另一個恆春

直到二〇一二年，才有幸踏訪昆明。在此之前，雖路途遙遠，但是它與我的平日生活依舊可以息息相關，無論是飯前一杯茶，還是飯後一根菸。普洱茶早已進入尋常百姓家，餐廳茶水提供大多有普洱茶這一選項；而雲南地區的捲菸在整個大陸地區的市場占有率始終處於優勢，從阿詩瑪、紅塔山到玉溪等，這些菸草品牌遍佈全國，作為菸民，必有沾染。

菸草有礙身體健康，但這裡還有比菸草更猛烈些的，那就是毒品了。由於地理位置緣故，雲南省毗鄰金三角，雲南成了毒品輸入的前沿陣地，緝毒影視劇中，通常雲南是故事的所在地。雲南作為邊緣腹地，與周邊諸多國家往來密切。早期，雲南僅有一條鐵路，而這條條路卻是通往越南河內地區。省內的僅有一條鐵路是通往國外而非國內，被稱作是一種怪現象，而這匪夷所思的一點也恰恰顯現了雲南的特殊身份。雲南與周邊國家的往來不僅體現在貿易上，還體現在婚姻上。由於接壤的國家是越南、緬甸等欠發達地區，在一些邊緣交界處的民眾眼中，大陸屬於發達地區，尤其是東部地區，於是雲南南部成為了越南新娘、緬甸新娘的輸出基地，她們樂意遠嫁他鄉生活在一個相對不貧困的地方。在我曾經成長的地方安徽，尤其是一些窮鄉僻壤的地方，時常有中間人帶隊組團過去雲南邊界地區挑選新娘，而人員構成通常為大齡或喪偶中年，即便如此，在家境與個人條件都居下不高的情況下，硬體軟體一損俱損，依舊可以抱得女人歸。

雲南是多姿多采的，它除了蘊涵了諸多東南亞元素以外，還承載了多元的民族文化，它是中國少數民族最多的一個省分。紛繁的異域民族風情與絕佳的天工自然風光，讓這裡成為了旅遊熱門區域。雲南是幸運的，這裡的旅遊資源太豐富，從麗江、大理、西雙版納、瀘沽湖，個個都是耳熟能詳的景點，簡直是一個藏寶之地；然而，這卻成了昆明的不幸，因為發光的珠寶太多，以至於昆明這塊寶地光芒不足以四射，很多時候，昆明只是成了觀光客的集散地，他們的目的地多為昆明以外的區域。昆明是個旅遊城市，可是在這個領域，它卻明顯輸給了自己的小兄弟大理和麗江。

很多外人羨慕麗江的悠閒，驚歎大理的慵懶，其實那有著很多外來戶演出來的成份，而這些對昆明而言，卻是一種由內到外的煥發。在某種程度上，昆明是成都的兄弟，它有著慵懶的氣質，悠閒的氛圍，舒緩的節奏。他們習慣把上午叫做早上，他們樂於在茶樓搓麻將，他們喜歡在花市尋樂子。昆明地處高原壩子①裡面，四面環山，昆明人都是家鄉寶，老死不願離開這個地方。在昆明時，一個眼下即將碩士畢業的兄弟向我透露，一直在昆明生活了二十多年，也想走出去看看，卻覺得不得不放棄，因為在昆明安逸慣了，這裡冬不冷夏不熱四季宜人，生活節奏慵懶緩慢，去到其他的地方適應起來會太艱難。這真是一件悲喜交集的事情，只是我同情他的悲，卻更羨慕他的喜。一個城市的高超之處，不僅是讓外地人來了就不想走，更是本地人不想往外走，在這點上，這個位於彩雲之南的昆明做到了。

這確實是一個宜居城市，「天氣常如二三月，花枝不斷四時春」是昆明的寫實，春城成了它的美稱，適宜的氣候讓很多外人豔羨不已。而四季如春，豈不是另一個恆春。

雲南雖說是一個內陸省分，然而它卻是個多處可看海的地方。在這群山漫延的地方，你可以一覽宛若海洋般的遼闊。杭州西湖水域面積不到七平方千米，就足以浩淼無際，而在雲南，在此之上的湖泊不勝枚舉，大理的洱海與昆明的滇池水域面積都在二百五十平方千米以上，更是西湖的三十倍之上。滇池，幾乎集結了這個城市的所有榮耀，曾經是這裡民眾滔滔不絕的談資。多年前，這一望無垠浩淼無邊的水域尚是划船、游泳、釣魚的風水寶地，滇池肩負著這裡民眾的生活情趣，天水一色的風光足以使其絕塵於沿海城市風光。只是，如今遭到大肆汙染，水體嚴重富營養化，藻類氾濫成災，遠方不再是藍天碧水相連，高原上純淨的

滇 雲南・昆明

天空下是一汪爛菜湯，這片水已經配不上這片天。碧波帆影、海鷗群舞，已經成為了滇池的記憶。湊近水面，黏稠的黃綠水散發著強烈的異味，滇池成了只能遠觀而不能近瞻的擺設品。曾經，滇池是一副動態的風景畫，畫面中散發著濃郁的活力，而現在，滇池只是這個城市的一張幕布，死氣沉沉。

隨著滇池的沉淪，昆明民眾對水的寄情轉移到了翠湖，這三百五十餘畝的小湖泊成了昆明人新的水上精神家園。堤畔垂柳，湖中荷花，為這個城市增添幾分詩情畫意。水中海心亭、東南水月軒、西側觀魚堂，樓閣瑤台倒頗具秀美之韻。然而這些都不能與滇池的景象比擬，翠湖裡，也只有成千上萬隻紅嘴鷗戲水的場面能勉強找回些滇池記憶。無論何種轉嫁，都無法撫平這個城市因滇池的黯然而滋生的失意與揪心，因為滇池的自身高度與歷史地位決定了任何都不足以成為它的替代品。

在城市建設上，我們的現在總是輸給過去，始終無法達到前人所創下的高度。遺憾的是，不僅不能維持，反而降低。城市不斷用所謂建設未來去破壞過去，當奔流的工業廢水與滇池相會，當景星街花鳥市場充斥著必勝客與肯德基之流，當勝利堂附近的鬥蛐蛐只能改為

①雲南高原多湖泊，著名者為滇池、撫仙湖、洱海等，主要為斷層陷落所造成，這些湖泊當地人稱為「海子」。湖濱沖積平原，為肥沃農業區，及人文會萃之地，稱為「壩子」。

KTV夜總會，昆明這個城市已經變味。在昆明開發工業項目，雖然經濟效益來得快，但明顯是自斷後路，寧願吃不上飯餓肚子也不能要那徒有GDP虛表的PX項目。作為一個以旅遊為重心的城市，傳統文化、民族風情、自然風光，才是它的優勢項目，倘若去比拼現代化建設，昆明甚至能被東部沿海的中等城市給秒殺，在滇池面目全非的當下，不得不承認，最好的昆明是在過去，絕不會在未來。

昆明，和整個雲南一樣，亮點很多，有著讓人垂涎不已的優勢，然而，很多時候因為物質基礎的缺位與意識形態的欠佳，不僅沒有做到揚長避短，甚至反而成了揚短滅長。有人舉過例子說：昆明周圍擁有全世界第一流的溫泉資源，但建成的卻是二流的溫泉度假村；而廣東則是二流的資源，建成了一流的溫泉度假村。可以看到，打爛一手好牌，這是昆明正在上演的悲情故事。過於追求建設與開發，使得很多細節之處往往遭到忽略。記得當我和一群台灣同學出現在昆明長水機場時，他們對著這恢宏大氣的建築物發出集體感歎，覺得台北桃園機場在其面前都會黯然無光。然而，就在我們離開後不久，一場大霧就將整個機場的運營搞到一團糟，漏洞百出，硬體與軟體嚴重不匹配。當然，這兩點也是整個大陸的通病，只是在昆明，會稍加強烈些。

無論如何，如果，滇池能達到洱海般清澈，它會成為很多人定居城市的不二選擇。

高原明珠

解甘

在外省時，和人談及昆明，很多人都對這個城市讚不絕口，部分沒來過的人還非常嚮往。這幾年周圍的外省同學大多也覺得昆明不錯，不少人畢業後就留在了昆明工作。就從這點來看，昆明還是很受歡迎的。可是雲南人大多不喜歡昆明，尤其是昆明本地人。昆明人大多都在抱怨，每個人都能說出一大堆對昆明的不滿。口碑上如此大的反差，看似不可思議，卻也在情理之中。好與不好，每個人心裡都有自己的標準，標準不同，評價自然也不同。

在我看來昆明沒有外省人說的那麼好，也沒有雲南人說的那麼不濟。中國的城市正在向著同一個方向發展，正在變得越來越相似，越來越沒有自己的特色，昆明亦是如此。本地人因此而痛心疾首，對當下的昆明怨聲載道。而因為西部發展的滯後，昆明還是留下了一些東西的，這些可能早晚也會消失的東西，讓外省人很是羨慕，也因此而嚮往。

昆明對外最響亮的名號，便是「春城」。的確，昆明四季如春的氣候在省會級城市裡是很難得的，氣溫終年保持在十五到三十度之間。中國有不少城市的冬天不冷，可是夏天不熱的城市卻並不多，哪怕是北方的哈爾濱，夏天也讓人汗流浹背。昆明人有句俗話，叫「一雨便成冬」，是說昆明一下雨，氣溫就降得厲害。記得剛讀本科的時候，盛夏時節的一場大雨，氣溫驟降，一個吉林來的同學跟我說，昆明的夏天把他冷到了。

不過這幾年，昆明的夏天正在變得越來越熱，連續三年的乾旱少雨，最近更是多次出現三十度以上的高溫，享受慣了天然空調的昆明人，被熱得快不敢出門了。不過昆明的熱也和其他地方不同，昆明不會悶熱，只要你待在曬不到太陽的地方，就會立馬涼快下來。不像其他城市，熱起來無處可躲，只能開空調。

昆明氣候之所以好，和緯度以及海拔有關，但在很大程度上還因為昆明擁有一個巨大的淡水湖泊——滇池。滇池曾是一個風光秀麗的高原湖泊，大觀樓長聯中寫道：「五百里滇池，奔來眼底，披襟岸幘，喜茫茫空闊無邊。」可謂恰如其分地寫出了滇池的磅礡之勢。儘管現在滇池已經被嚴重汙染，但昆明人有空的時候還是願意去看看，海埂、西山、大觀樓，能看到滇池的地方就不會冷清。滇池路片區也是昆明最大的豪華別墅區，昆明的富人還是願意把自己的第一或者第二居所選在這裡。

昆明人喜山好水，因為昆明有山有水。北有金殿，中有翠湖，南有西山滇池，整個城市環抱於山水之中。我覺得這可能也是外省人羨慕昆明的另一個方面吧，在他們眼中，昆明是一個悠閒自在，享受生活的城市。這種悠閒也賦予了這個城市的慢節奏性格，曾經有個河南來的同學說，昆明人性子太慢了，好不容易等來一輛公車，嫌人太多，就不上了，等下一輛。這要是在河南，凡是能擠上人去的，就一定會擠上去。

隨著這些年經濟的發展，昆明人的節奏比以前快了不少，不過要是和一線城市比起來，還是差很遠的。都說昆明人是家鄉寶，哪兒也不願去。我覺得，不是不願去，而是去不了。一個人從小生活在昆明這樣的地方，習慣了冬無嚴寒夏無酷暑，看慣了藍天白雲，過慣了懶洋洋慢悠悠的生活，出去外面，又怎麼能適應得了呢？

或許有人會問，既然昆明已經如此美好，昆明人又為何滿腹牢騷呢？因為昆明人曾經擁有更多。很多昆明人都在懷念著過去，懷念可以游泳的滇池，懷念滿是梧桐的金碧路，懷念商賈雲集的武城路，懷念真正的金馬碧雞坊……這些年，昆明發展得太快，快得幾乎讓本地人無法接受，很多帶著記憶的老房子被拆掉，全城的道路不斷地重複開挖，三百多個城中村要拆除，整個城市成了漫天黃沙的工地，現在又要建巨大的煉油廠……昆明人累了，煩了，也怕了。曾經擁有的那麼多都失去了，剩下的這些也不知道還能不能保得住。外省人總覺得昆明還不錯，因為他們並不知道昆明的過去，他們只看到昆明的現在。眼下的昆明並不比他們所在的城市差，甚至是好很多的，所以他們喜歡昆明，嚮往昆明。

當所有的城市都在變得越來越像的時候，昆明也無法獨善其身。昆明的過去是什麼樣，我不忍去想，昆明的未來會成什麼樣，我不敢去想。我只能說說現在昆明的樣子：你可以在冬天去翠湖邊散步，周圍的人都和你一樣漫無目的地閒逛，你會看到無數的海鷗，它們敏捷而準確地叼起人們扔向空中的麵包。老年人在歌唱，孩子們在嬉戲，當你走到講武堂邊，一片陽光懶洋洋地照射在那斑駁的黃色牆面上。這，就是昆明，高原上的那顆明珠。

江蘇．蘇州

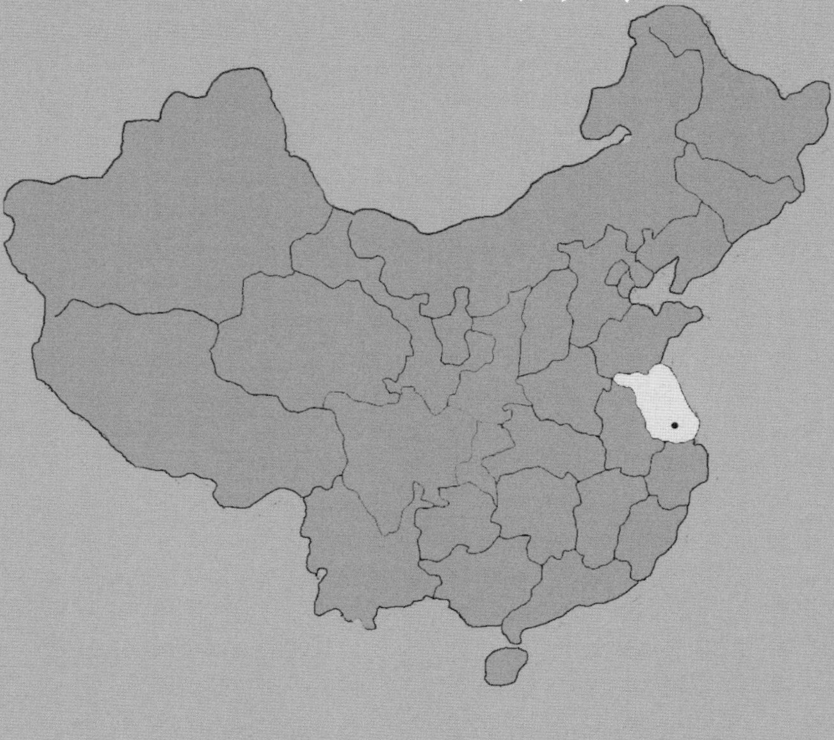

小橋流水人家

剛到蘇州城我就後悔了，我後悔的是沒有早些年就出現在這裡。置身於高手林立、列強雲集的長三角地區，以上海、杭州、南京為鄰的蘇州，在過去一直是我擦肩而過的城市，即便它早以魚米之鄉的天堂而久名遠揚。這真是一個失誤。

我不用去古宅深巷、河幽橋密的甪直，不用去家家臨水、戶戶通舟的同里，不用去唐風子遺、宋水依依的周莊，只是在蘇州古城內晃悠一圈，畫卷中詩賦間的江南氣息就撲面而來，讓我興歎相見恨晚。當「枯藤老樹昏鴉，小橋流水人家」的江南風情，陡然出現在眼前，我甚至有些措手不及，「江南」這個字眼長期盤踞在腦海，雖然在此之前有所沾染，卻從未像在蘇州這般被盡致詮釋。我謝絕了友人對周邊地區更多的推薦，我想，只是蘇州就夠我駐足良久的了，好酒不可貪杯。倘若把蘇州市轄區內的這幾個古鎮走一遭，我生怕自己不願離去，而將整個冗長的假期在此揮耗，以致耽擱了其他的行程。我為自己的下一次保留驚豔的機會，選擇將它們束之高閣，而期待著後會有期。

江南一直是文人雅士的樂土，無論是日出江花紅勝火，春來江水綠如藍，還是西塞山前白鷺飛，桃花流水鱖魚肥，都塑造了一幅幅水墨畫的意境，很多人對江南景象的構建正是源於這些大量的詩賦詞篇；江南也是帝王尋歡求愛的風月場，無論是康熙南巡，還是乾隆微服私訪，都情迷於江南女子的沉魚落雁之容與閉月羞花之貌，小家碧玉的柔情姑娘讓無數鐵漢寸斷肝腸。而最能代表江南的城市，非蘇杭莫屬了。杭州用一汪西水演繹了江南「水光瀲灩晴方好，山色空蒙雨亦奇」的山水旖旎，用萬千細絲編織了江南「蔭濃煙柳藏鶯語，香散風花逐馬蹄」的柔情醉意，用滿塘濃色繪染了江南「接天蓮葉無窮碧，映日荷花別樣紅」的絢爛妙趣，而蘇州，無論是「姑蘇城外寒山寺，夜半鐘聲到客船」，「千里鶯啼綠映紅，水村山郭酒旗風」，還是「枯藤老樹昏鴉，小橋流水人家」，給我們的都是一副江南魚米之鄉的幽然。阡陌交通的水路，此起彼伏的拱橋，為蘇州勾勒了有別於杭州的濃鬱江南特色，而讓蘇州成為江南代言人的一個緣由是因為蘇州園林的存在，它作為中國古典園林的精髓，是江南風情具象體現的重要組成部分。

在酷暑的午後，我走進拙政園，迎來了一陣清涼。在亭台樓榭裡，望著綠樹翠草，聽著幽渠流水，如果能忽略掉身邊穿梭行人的攪擾，很容易便可獲取一份悠然自得。拙政園是蘇州園林中最大的一個，其實蘇州園林的優勢是在精小，它不同於北京城的皇家園林，恢宏氣派富貴的頤和園，體現一種「蒼、森、穆」的境界；它也不同於歐洲的古典園林，凡爾賽宮門前視野開闊的綠地和規整對稱的佈局，釋放著「宏、雍、貴」的氣勢；蘇州園林通過靈活自由的佈局，假山玩石的點綴，輕盈飄逸的飛簷，淡清素平的裝飾，呈現一種「潤、幽、雅」的境界。蘇州園林講究的是意境和情調，即便它是依靠人工琱琢的方式實現，這樣看來，蘇州倒算是有些矯揉造作，然而這不是它的錯，只怪世人太傾情於把蘇州作為情趣場，不僅是文人，就連那些達官貴人也是難逃，他們紛紛將私家園林佈置在蘇州城，這裡成了他們情趣的投射地。在自宅私院，倘若可以把幾塊石頭想像成一座山，那當沉浸於此，則將擁有了全世界。

我一直不願談及蘇州的歷史，因為歷史是厚重的，不適合蘇州，在我眼中蘇州是一種風情，它風情而不風騷，輕快而不輕佻。

即便我想回避歷史，也終究逃不脫，因為源於時間沉澱而成的「古城」這個標籤是它的一面旗幟。在整個大陸，有太多歷史悠久的古城，然而，幾千年的根基也牽制不了一顆一時發展的心，它們通常抵擋不住現代化進程的腳步，一陣過後，古跡老宅零落成泥被輾作塵，曾經陳釀的古遭受到破壞，被如今淺薄的新所取代。蘇州作為一個古城，它是幸運的。一九五〇年代，為保護北京城牆而振臂吶喊的梁思成①，最終沒能得到認同，換來的是痛哭失聲。而為蘇州古城保護奔走呼籲的顧頡剛②，得到了當時蘇州市政府的重視，這位土生土長的蘇州人換來的是喜極而泣。他幾乎憑藉一己之力，改變了這個城市的命運。得幸於此，蘇州沒有步入北京城建的悲劇，諸如拆除老城門，鏟平四合院，它保留了完整的古城格局與水系，後期的城市建設繞開老城區，另闢區域開拓新城。逃脫了厄運，保留了相對完整的古韻，如今，蘇州是同規模城市行列中，古城保護做得最好的。雖說是最好，那不過是因為其他古城保護得太糟糕，只是蘇州城的保護不那麼糟糕而已。如今，古城外部格局的輪廓之影雖然可見，但可惜的是很多內部面貌已經無跡可尋。

故去的顧頡剛或許已經被諸多人遺忘，猶如歸為泥土的老宅深巷，然而，另一個蘇州人，卻讓人經久不忘，即便已經過去五百年。江南四大才子之首的唐寅，被搬上《唐伯虎點秋香》電影銀幕，成為了江南的永恆。他擅長的山水畫也恰是蘇州的注解，這個城市如歌如酒如詩如夢，是一幅濃淡相宜的水墨長卷，只是畫卷上的絢爛越來越黯然，那點睛的一筆正在湮滅。

觀前街上，一眼就可識別出大量新建仿古建築所營造出的氛圍，顯得不倫不類，毫無風

① 著名的建築學家和建築教育家，梁啟超之子。

② 蘇州人，歷史學家、民俗學家，中央研究院院士。

情而言，讓人無心留戀；七里山塘街邊，琳琅滿目的商家店鋪，與常規旅遊區別無二致，販售著假古玩劣字畫，遊客船隻裡的評彈③已經越來越流於形式，因為觀眾熱衷的只是看熱鬧，而非聽內容，唯有河邊茶館播放著嘹亮的昆曲，讓人心頭一驚，然而賓朋稀疏，幾乎無人捧場，讓昆曲顯得有幾分蒼涼；平江路上，橋下的流水潺潺作響，卻無法再現桃花流水鱖魚肥的景象，不過，炎炎夏日夜幕下，石拱橋的斑駁欄杆上，會坐著翹著二郎腿的一些暮年老人，他們迎著穿越河道飄來的清風納涼，用吳腔④儂語三三兩兩地在聊著家常，時不時揮動下手中的摺扇，怡然自得談笑風生的他們成了當下這幅畫卷中最亮眼的一筆。

每個人都回不到自己的從前，城市也一樣。我們做不到一直成為最好的那個自己，平穩的日子不會持續不斷，曾經的美好往往只能停留在記憶裡，逐漸成為自己都不喜歡的自己，城市也一樣。在未來，我們偶爾通過他人的隻言片語，思念自己的過去，城市也一樣。

蘇州回不到過去，只有在前行。除了早期的新城區，這些年它走了另外一步重要的棋，現在如火如荼的蘇州工業園區，成為了蘇州的經濟增長極⑤，這裡將是未來蘇州的城市中心。自古以來，江南是富饒之地，但是如今蘇州富得似乎有些過分，其下轄的昆山、常熟、張家港、太倉四個縣市在全國經濟實力十強縣的行列中占據了四席。加之強勁的工業園區，整個蘇州成為經濟水準與現代化程度高度發達的地區，蘇州實現了一種轉型，潤幽雅的氣質逐漸弱化，開始以經貿與財富示人。

好在蘇州沒有得意忘形恣意妄為，它深知自己的根，沒有忘本。作為新時期的兩個大型公共建築，蘇州博物館與蘇州火車站給人耳目一下的感覺，它們實現了潤幽雅的再現，沒有像其他城市的類似建築一樣，缺乏地域性割裂傳承感，像是為蘇州量身打造一樣，這是難能可貴的。只是，在我步入火車站衛生間，惡劣的環境品質讓人汗顏，金玉其外敗絮其中，兩者是完全脫節的。我將對這些細節的懈怠理解成這個城市的品質距離高端層面還有很長一段，有些缺憾是靠心境才能彌補的，而不是靠錢財。

常聽說，有人把蘇州稱為東方威尼斯，我只好默認，但是如果這話放在百餘年前，我會糾正他說，不對，應該這樣講，威尼斯是西方蘇州城。

③評話與彈詞的合稱，流行於江南的曲藝形式，其唱腔為吳儂軟語曲調優雅動人。
④以上海話為共通語、以蘇州音為標準音、以江南群城方言為基礎的方言。主要使用於今浙江、江蘇南部、上海、安徽南部、江西東部、福建北一角，使用人口一億多。
⑤具有推動性的經濟單位，或是具有空間聚集特點的推動性單位的集合體。

軟香溫玉

沈蘇欣

我不是一個典型的蘇州「小娘魚」——小娘魚就是小姑娘的意思——因為我不會說蘇州話。之所以這麼說，是由於蘇州話早已成為蘇州的標誌之一，成為必需品一般的存在。而這傳說中的吳儂軟語，人們口中「吵架也好聽」的蘇州話，若是身為蘇州人都不會說，那實在有些說不過去了。我想可能是小時候推廣普通話太厲害了，沒有身處說蘇州話的氛圍，這遺珠之憾也就無可奈何地發生了。

雖不會說，但我是從心底裡欣賞這門語言的。它不僅好聽，而且真真切切地反映了蘇州的氣質。一種方言好聽與否，主要取決於語調、語速、節奏、發音以及詞彙諸方面。蘇州話是吳語的代表方言，而吳語是漢語七大方言區中形成最早的方言之一，因此至今保留了許多古音，具有七種聲調，聽起來錯落有致，恰到好處。可以說，蘇州話語調平和而不失抑揚，語速適中而不失頓挫。在發音上，給人感覺多是靠前靠上，較少共振，頗有低吟淺唱的感覺。女生說起蘇州話來，總給人小家碧玉的感覺，而男生說起來，外地人會說這是娘娘腔，而我覺得實在是萌點①滿載啊。

如你所聞，蘇州話是一種溫和的方言，而「溫和」二字，用來形容蘇州也是再好不過了。這是一座歷史悠久卻一直低調的城市，始建於西元前五百一十四年的吳王闔閭時期，坐落於太湖平原，氣候溫和，交通發達，歷代詩人對於蘇州的物產富足總是不吝讚美與謳歌，「魚米之鄉」、「絲綢之府」的稱號頻頻遊蕩於文人墨客筆下。現代的蘇州作為一個地級市②，GDP保持在全國前五，而其管轄下的四個縣，也全部位列我國十大最富縣級市。不過實際上，蘇州人一般不拿這個說事，哪怕是如今血氣方剛的年輕人，要是在網路上遇到諸如地域差異這類話題時，往往也都笑而不語：哎呀，咱們不爭這個。到底誰更有錢，誰的歷史最長，吃鹹的還是吃甜的，爭贏了又有什麼意思呢？蘇州也不愛爭政治上的地位，從來就沒做過首都——其實別說首都了，現在的蘇州連直轄市、省會都不是。因為像蘇州這種小城市，只有過日子的情態，並沒有需要很強的相容並蓄能力，也沒有什麼領導者的氣度。蘇州

①來自日本的新語彙，「萌」本身涵蓋了可愛的意思，卻不完全等同於可愛，範圍更加廣泛而複雜，有時表達的是人物散發的一種氣質與氛圍，很難用言語解釋清楚，但只要身處那個情境，就能明白感受，而「萌點」就是「萌的人物」所具有的特點。

②中國大陸行政區劃層次上與地區相同的建制市，屬於地級行政區的一種。

人就和蘇州話一樣，除了輕快之外就是有點軟，沒有畢露的鋒芒，基本不發火，發火也就是打打嘴炮，絕對不動手。要是在蘇州的社會新聞上看到發生了流血事件，百分之九十九那不是蘇州土著幹的。至於文化，蘇州有太多值得品味之處，昆曲評彈、蘇式小吃、小橋流水、私家園林，無不內斂優雅，餘韻幽幽。若到蘇州的古城區一探，房屋大多低矮，就連新建的公交車月臺、路燈、欄杆，亦是復古懷舊，絕無其他城市常見的金屬冷感。

說到蘇式建築，不得不提一下蘇州博物館的新館。它由建築大師貝聿銘設計，極小，但極美。蘇州的古建築大多遵循借景為虛，造景為實的建築風格，強調空間的開敞明晰，又要求充實的文化氛圍。蘇州博物館也不例外，十分完美地與緊鄰的拙政園、忠王府融會貫通，成為一個與環境渾然一體的全新空間。想必貝老先生對於蘇州的城市精神也是有著十分深刻的領悟。當然，貝老本是蘇州望族之後，也算半個蘇州人了。

像我這樣一個普普通通的蘇州人，生於蘇州，長於蘇州，如今去了南京上大學，與其他城市有了對比，才真正領會了自己家鄉的城市精神。就拿教育來說，我讀中學時，每天八點上課，下午四點鐘左右就放學了，沒有晚自習，作業不多，週末不補課，也不縮短假期。比起大部分地區的填鴨式教育來說，這著實可被稱為溫和教育了。雖說這本該是一所學校應該有的樣子，但對於教育畸形的中國、競爭激烈的江蘇、以及蘇州地級市的自身地位來說，能做到這樣已屬不易，因為學校同時還保持著很好看的升學率。可見這個所謂的「溫和路線」，並非無欲則剛的「無所謂路線」。各位看官看到這裡可能要罵一句「賤人就是矯情」了，為何蘇州的學生明明「想要」還一副「不要」的嘴臉？是這樣的：這裡的學生都是真心切意地在追求知識和自己的理想，而非背負著「要改變命運」、「要做人上人」、「要光宗耀祖」這些沉重的包袱，以這種平和的心態來當學霸，確實是要被不理解的啊。

說了這麼多，我突然又覺得自己是個典型的蘇州「小娘魚」了——當城市的精神在不知不覺間嵌入自己的氣質時，這座城也就成了靈魂的一部分。

山東．濟南

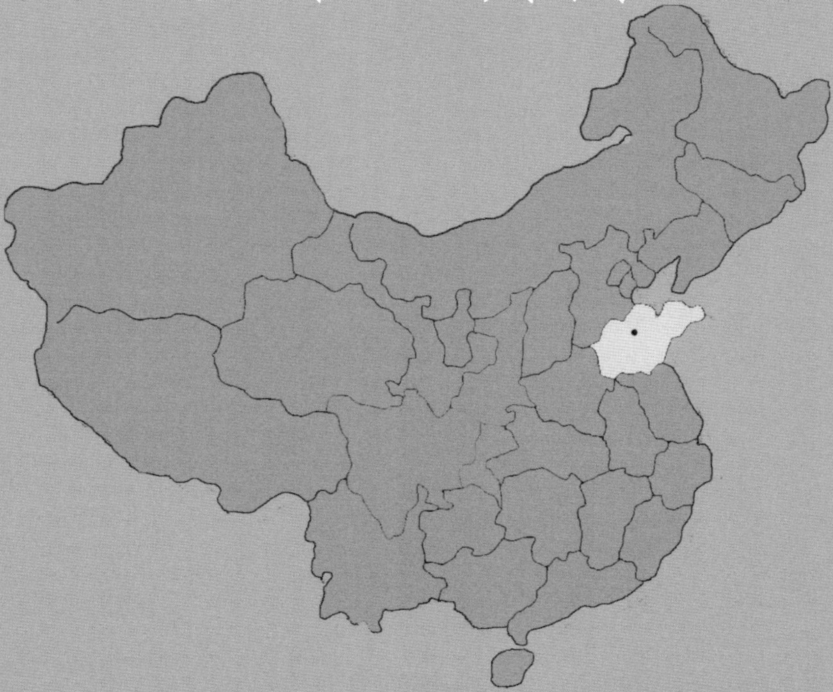

北方版江南

剛出濟南西火車站，回望這個建築物，北方的厚重感撲面而來，對於一個長期生活在北回歸線以南的人而言，此時，北方這個字眼很帶感。

晚飯跟一個久違的大學同學謀面，約在了一個大排檔①，這是一個市井味十足的地方，我很是喜歡。在這裡，民間百態很容易被察覺，有時，這樣的場景，就是一個城市的縮影。

在不算炎熱的盛夏傍晚，燒烤攤的大排檔熱鬧非凡。一群老少爺們赤著上身三三兩兩地圍坐在餐桌前，壯碩的屁股下面是弱不禁風的小馬紮②，而放眼望去，大街小巷四處可見，光膀子儼然已經成為了漢子們的生活習慣；旁邊一桌，走了幾個，換來一對夫婦，約莫四十歲左右，檯面上擺滿了啤酒，只見兩人如嘮家常一般，坐在熱風陣陣偶爾散發著下水道騷臭味的街邊，暢飲甚歡，上演了一場民間的市井浪漫；服務員端上來一大把烤肉串，香噴噴的孜然，惹得人眼饞，來不及等它稍稍涼下，就放到了嘴邊，定眼一看，肉串的中間都間隔著放有大蒜，真是應驗了無蔥無蒜不歡。一頓飯的時間，讓我深感這裡是北方，這裡是山東。

除了東北大漢、西北大漢以外，在中國地理名詞中，唯有山東作為前綴最為順耳了，即便是東北大漢，很多都是山東人闖過關東定居後留下的後人。耳聽周邊人的山東腔，口音厚重中氣十足，眼觀老闆眉宇之間，濃眉上斜兩側漸寬，恍惚間，我有身處《水滸傳》場景的錯亂感，作為四大名著之一，它的故事背景正是發生在山東，一幫梁山好漢，群起為雄，依仗著江湖義氣，謀其公平正義。水泊梁山的這一群大漢，雖為草寇，言行舉止不雅，但心中卻是明大義，尚且清澈。這一群人，在某種程度上，確實可以成為濟南，乃至山東的代言。

比起南方，北方盛產粗人，這點在山東體現得很明顯。街上的大爺可以隨口噴出一口痰，路邊的小孩可以隨地撒出一泡尿，一個人要是在小賣部買罐飲料，找老闆要根吸管的話，絕對會被輕蔑的眼神鄙視半天。計程車司機嘴裡總習慣罵著娘，無論是道路擁塞，還是紅燈時間過長。連續幾次坐計程車，我都報上了確切的位置，司機沒有任何疑義，最後都把我丟在了我目的地的周邊，我還向他確認是不是到了，他們都用點頭默認，最終我必須要折騰一番才能夠找到目的地。我覺得計程車司機的這種粗已經越過了粗糙，顯得有些兒粗卑了。從幾次搭乘計程車的經驗，可以看出濟南不是一座好品質的旅遊城市，無論我如何用普

①路邊露天食肆攤販，類似台灣夜市的食店區。
②一種小型坐具。腿交叉，上面繃帆布或麻繩等，可以合攏，便於攜帶。

通話與其交流，他永遠用一口濃郁的濟南話接應。

濟南雖流露著北方的豪放與厚重，但並非沒有細膩的一面，意想不到是濟南竟相容了江南的清秀與靈潤，甚至是集蘇杭以大成。早在九百多年前，北宋名士黃庭堅就有「濟南瀟灑似江南」的感慨。

杭州城依靠浩淼的西湖揚名，水中的滿塘曲院風荷，岸邊的萬千垂柳細絲，勾勒了屬於杭州的江南，然而同樣的物與景，在濟南一樣可見，「四面荷花三面柳，一城山色半城湖」說的就是它。同樣，濟南市中心也有一個內湖，它雖不及西湖的名號響徹，但「大明湖」這三個字也早已聲名遠揚。湖內成片成片的闊大圓葉在水面鋪開，層層疊疊，在粼粼波光的映襯下，即便荷花凋落，沒有了紅嫩的花朵，少去了一抹亮色，只是眼前這一片碧綠，荷韻清芳足以躍然而出；而大明湖的岸邊，垂柳追隨著湖岸線密聚成蔭，在微風的吹拂下，飄逸多姿，盡顯婀娜，搖曳出一份江南意境。西湖優勢在於除了景色，更有人文的底蘊，詩詞歌賦都是它的絕佳廣告文案，而大明湖雖有些文人墨客造訪，卻少有留下詩篇，這點上有些欠弱，然而其作為乾隆下榻地，成為與夏雨荷結緣的風雪場，為世人津津樂道，增添了幾分人文的厚度。

湖光山色的大明湖，在我眼中，完全可以與西湖媲美，即便水體面積稍稍小了些。但我說的是曾經的大明湖，如今，它的風景則是在湖與山這兩個元素上硬生生地加了個建築物，林立的高樓大廈讓天際線頻繁被攔腰剪斷，以致破壞了傳統的整體風貌。

西湖雖好，可是一到盛夏，西湖水就成了熱氣騰騰的滾湯，用自身熱度降低了遊人興致的熱度，帶來幾分掃興，大明湖可就不會，無論烈日當頭，還是酷暑難耐，水溫都可以保持在二十度左右，因為大明湖內的水是濟南城內的眾多泉水彙集而成，在炎炎夏日依舊得以保持清涼。泉水為這個城市添興的地方不僅有大明湖，更有縱橫交織的溝渠。濟南城內有大小泉上千眼，因此得有別稱泉城一說，出了名的景點就有趵突泉、黑虎泉，除此以外，在老城深巷，隱藏著無數長流不息的泉，於是，常常可以見到清澈的泉水在河溝裡流淌，相結成網，四處小橋流水人家的江南景象。由於湧之不斷的泉眼，濟南也成了北方城市中最多水的一個，使其具有了水的潤澤與靈動。出了大明湖景區的南門，跨過大明湖路，進入一片老街區，名叫百花洲的河塘是曲水亭街的起端，深入進去，博來我陣陣讚歎，直呼驚豔，這裡儼然是北方版的江南。彎柔的河道兩側襯以低矮古樸的房舍與婀娜多姿的垂柳，隔三差五地橫跨著一座小橋，河岸邊有老人品茗飲茶，有孩童嬉戲玩耍，恍惚間我以為夢迴蘇州古城，然而，坐在石拱橋上，低頭望，流動的河水，比蘇州河道裡的清澈多了，甚至可見水中雜草隨著水流左右擺動，青色的魚兒在雜草間躥動暢遊，而不遠處，有老婦在河邊用這清澈的泉水洗衣，身後，一對父親在帶著兒子捕魚，手中是自製的漁具。

在劉鶚的《老殘遊記》裡，「家家泉水，戶戶垂柳」是對濟南的描述。這八個字言過其實，算是對濟南的一種美化，尤其在當今，老城不復存在，泉水枯斷擱淺，然而，我眼前的這份景色，確實是對這句話的完美寫實。我沒想到，我以為早已枯死在腦海裡的傳統情趣畫面竟然可以在這濟南中心城區的現實中上演。事實上，讓我覺得似曾相識的記憶並不只是在曲水亭街這一條街，這整個一片古城區內都不斷有驚喜發現。

我先出現的地方是恆隆廣場，這是濟南城區新興的購物中心，引領這個城市的時尚與潮流。恆隆廣場的另一側，一條馬路之隔，從那一個帶有牌坊的路口進入，上面寫著芙蓉街三個字，眼前的景象則從奢華大氣的購物空間轉變為人潮湧動的細街小巷，兩邊都是低矮的古房舍，繼續往前走，穿過這喧囂的半段，則是一番令人歡喜的天地。你能夠見到某戶人家門口放著一個籃筐，裡面放著熱騰騰的大饃，有孩童蹦蹦跳跳而來，然後拎著一袋子歡歡喜喜離去；你可以見到刷著深綠色油漆的木門，上面玻璃直接寫著理髮兩個大字，裡面是上了年紀的剃頭匠，而非美容美髮店裡油光滿面的髮型師；你可以見到商鋪店家在門口的街邊支上一張桌子，全家圍成一團盡享午餐，完全不顧及過路人的觀望，偶爾有街坊湊上來聊幾句家常。在這個老城區，傳統的生活形態依舊在延續，它保留的不止是建築物樣貌，更有老百姓的。過去的歷史在這裡活靈活現，這是我所見過最精彩的大城市老城區之一。眼下，周邊正在大動干戈地開發改造，希望它可以躲過劫難，可以以一如既往地在這裡屹立，直到永久。

行走於濟南的古街老巷、泉邊湖畔，能夠明顯地感受到這是一座被文化和歷史浸潤的城市。行走在大陸城市，通常會因現代印跡毀掉歷史沉澱而懊惱不已，在濟南，也不例外。倘若，濟南只是古城濟南的放大版，我一定會想與其相擁長眠。

詢問過不少山東人，他們對青島的傾情明顯大於濟南，濟南作為歷史文化名城，舊的東西被毀掉了，而新建設出的東西又太不入眼，或許這是濟南在吸引力上逐漸被新崛起的青島超越的一個原因吧。山東最有名的人是孔子，最有名的景是泰山，前者在曲阜，後者在泰安，而在山東最有名的城，現在已經變成了青島。山東是個不容小覷的省分，然而濟南在省會城市影響力排行榜上並不靠前。這些對濟南而言，多少有些尷尬。

走出鈍感

亓文飛

每當與外鄉人談及我的故鄉，他們的第一印象往往是大明湖畔的夏雨荷。作為濟南人，誰又曾料想到這段上世紀末電視劇中的故事，至今成為了濟南的城市宣傳名片，而實際上，這個後人編制的故事與濟南幾乎毫無關聯。「泉城」二字也似乎漸漸淡出了人們對濟南的認知，倘若提及濟南這個城市，對方多半是一臉茫然或露出歉意的微笑。哪怕如此，我還是會感到微微的欣慰，因為濟南的骨子裡還是濟南。

濟南的性格，濟南的人

位於儒家文化中心的濟南，從來不是一座張揚的城市，數千年來孔孟之道的薰陶讓中庸、含蓄、保守成為了這座城市最具代表的性格。這種傳統使得作為經濟大省省會、十五個副省級城市之一的濟南，在國內的知名度與很多三線城市無異。幾年前濟南主辦的第十一屆全運會，在北京奧運和廣州亞運的夾縫中悄無聲息地結束。也因為這獨特的城市性格，濟南對於商業並不算敏感，創業氛圍稀薄，經濟總量一直落後於省內的青島和煙臺。直到今天，濟南仍是中東部地區唯一沒有發展地鐵的省會，因為對於許多市民而言，泉水比地鐵重要得太多了。

少了幾分對金錢的匆忙追求，就多了些許對生活的細緻品味。馬路邊的象棋陣，夏夜裡的紮啤攤，黑虎泉池畔打水沖茶的老人，泉城廣場上觀賞噴泉的孩童，讓這座城市處處充滿了安逸和沉穩的氣息。再加上微風拂面的垂柳，清澈甘甜的泉水，濟南的環境造就了濟南人樸實、熱情、沉穩的性格。在這裡問路會得到詳細的解答，而「老師」則是這座城市最常使用的稱呼。

濟南人善於接受，卻不善於批判。早於九〇年代，在長官意志的操控下，具有極高歷史和藝術價值的濟南老火車站被拆除，影響之惡劣至今在網路上仍被一再提及，每個濟南人都為此心疼不已。然而這僅僅是一個開始，高都司巷、鞭指巷、剪子巷、大明湖東南片區、舜井街，類似的情況一再發生，曾經的五大歷史街區，而今拆得只餘一個半。但每一次拆遷前幾乎看不到任何民眾的抗議，甚至連反對的聲音也是微乎其微。在濟南市民的眼中，這些都是領導的事情，老百姓則順應改變。

濟南的老城，濟南的魂

每個城市都有自己的別稱，泉城的標籤讓濟南看上去很美。小學時〈趵突泉〉一文、初中時老舍先生所寫〈濟南的冬天〉、高中時劉鶚先生著《老殘遊記》中一節，使每個人開始了對濟南的初戀。一個城市的風景能在教課書中屢次出現，不說是美輪美奐，至少也應獨具特色。然而人們來到山東旅行時，濟南往往只是交通中轉站，泰山和曲阜被旅行團與背包客占領，濟南的景點少有外地遊客光臨。「一山一水一聖人」的齊魯大地，泉城濟南貌似變成了最失色的一處。

究其原因，總有人會認為濟南的景色名不副實，他們說濟南的冬天寒風凜冽，濟南的泉水不復當年之湧，濟南傳奇的黑妞白妞，現在只餘下一座銅像佇立在泉城路口，陪伴在周圍的是車來車往。易安的詞，趙孟頫的詩，劉鶚的文，還有老舍筆下那些溫暖而鮮活的文字，彷彿連同趵突泉的濤聲一起，流落在歷史的某個角落，忘記帶回到今天。於是人們失望了，狠狠地丟下語文課本，背起包踏上開往曲阜、泰安、青島的長途車，在發動機啟動的那一刻，輕蔑地說一句：不過如此。

那麼濟南又是如何成為許多文人心中溫暖的回憶，如何從古至今一直被人如此鍾情？濟南，雖不似蘇州那般園林處處、芳草淒淒，卻也有家家流水、戶戶垂柳的片段。雖不似鼓浪嶼那般碧海濤濤、街巷幽幽，卻也有泉水潺潺、庭院深深的風情。

這是一座需要徐徐漫步細探的城市。每到週末，濟南最熱鬧的地段莫過於泉城路街區。走在這裡，吸引你的可能是十餘棟大型購物商場構築而成的現代都市，可能是芙蓉街中讓人垂涎欲滴的傳統美食。然而只要拐入旁邊的小巷，不出十米，就會為另一種場景所感動。這裡在繁華的隔壁，卻遠離了城市的喧囂。這裡沒有鋼筋混凝土的冷漠，取而代之的是白牆灰瓦的溫情。曾經王公貴胄專屬的王府池子變成了天然泳場，岸邊不下水的街坊支起幾張小桌，擺上盤毛豆，就可以邊喝紮啤邊打夠級[1]，消磨一晚上的時光。孩子們在石板路上肆意奔跑打鬧，從不擔心會有汽車出現。收廢品的騎著三輪車搖著鈴鐺在小巷中穿行，往往可以滿載而歸。偶爾有背著相機的陌生遊客，也會收穫善意的微笑。傳統與現代並不矛盾，一牆之隔，一番天地，這就是真實的濟南。

這座城市，它的外表、性格，甚至靈魂，在現代化的衝擊下，不知覺中發生了許多變化。如今濟南老城旁的三百米超高層建築封頂，在這之前濟南沒有一座超過二百米的建築。

[1] 山東的一種撲克牌玩法。

到了傳統節日七夕，泉城廣場附近吃飯更是一座難求，年輕人早已跟上時代的潮流，擺脫因循守舊的習俗，開始了豐富的生活。天下第一泉景區成為濟南第一個5A級旅遊區，讓濟南開始向真正的旅遊城市邁進。放眼未來，山東省會文化藝術中心也即將竣工，結束濟南沒有現代劇院、美術館的歷史。濟南，這個被大多數人忘記的城市，發展突然提上了快車道。

二〇〇八年，《新週刊》刊登了〈濟南：鈍感之城〉一文。五年後的今天，這座城市卻不再那麼安靜和遲緩，它早已隨著時代的腳步，略顯笨拙卻又堅定無比地徐徐前行。

後記

在我踏上台灣之前，在台灣出一本書，就是我的一個心願。當時心想著，一本書的時間跨度可能會是我修讀整個研究所的幾年。而眼下，這已經是第二本了。倘若說第一本書是一本早產的書，那眼前這本則是一本偶然的書了。

之前，我從來沒有想過，會寫上一本如此題材的書。因為第一本書的緣故，我長期保持了平均兩三天就更新一篇文章的頻率，然而，當《亞細亞的好孩子》出版以後，曾經的節奏被打斷，曾經用來寫字的時間忽然空了出來，我反而有些不適應。某個徹夜難眠的夜晚我靈光一現，心想不妨換個向度寫一下大陸，慶幸的是我沒有讓靈光轉瞬即逝，而是牢記在心。想法之後，行動就接踵而至。接下來的一段時間，我筆耕不輟，保持了高昂的激情，以致差點耽擱了學業，後來，由於臨近期末，課業繁重，我便中途停了下來。

中場休息的期間，面對一些質疑，我也開始懷疑這本書的文字是否具有市場，畢竟很多台灣人面對大陸時通常表現出的是消極與回避。一時，我打了退堂鼓的邪念。但是，撇開市場的考慮，只是從個人興趣的角度出發的話，我覺得我應該寫下去，再說，半途而廢一直是人的軟肋①，我要避開。不管有沒有市場的眷顧，不管有沒有出版社的垂青，對我自己而言，只要寫完，這就是一件有成就的事。且不管堅持完以後得到什麼，只要能做到堅持就是一種成功。得幸的是，沒過多久就有出版社為我寄來了一紙合約。於是，在我隨後的寫作過程，可以以一種更愉悅的心情投身其中，這要感謝大旗出版社，以及編輯陳亮均先生。

陸生這一個詞彙，在我眼裡，它的側重點是陸字，陸即為大陸，是相對於海峽兩岸而言。我不是一個好學生，不能夠做到矜矜業業，只能學業平平，但我絕對是一個好陸生。海峽是一堵牆，陸生是一扇窗，我覺得陸生的意義在於橋樑，而非課堂內的學業。之前，我出版了《亞細亞的好孩子》，敘述了一個大陸學生視野下的台灣，它的意義不僅在於讓台灣人瞭解到大陸人眼中的台灣模樣，更在於讓更多的大陸人瞭解近在眼前卻失焦多年的台灣，在兩岸文化互知上起到些微的積極作用。眼下，這本《十八個中國》，呈現的是一個大陸學生視野下的大陸省市，試圖通過文字的形式，讓對大陸有興趣的台灣民眾對另一岸有個起碼的認知。無論台灣民眾對大陸有著諸多消極情緒，兩岸的共融已經大勢所趨，成為了一個無法回避的未來，即便有著諸多埋怨，很多人不得不在大陸謀取發展。於是，對很多台灣人而言，瞭解大陸便也成為一個必要環節。這本書，不足以讓你成一個大陸通，因為大陸太幅員遼闊，太地大物博，連我自己都知之甚弱，這裡傳達的也不過是冰山一角。由於篇幅長短的受限，以及個人見識的薄淺，諸多未盡之處還請諒解包涵。

後　後記

在台灣餘下的時光，我會繼續放大陸這個字眼。我會堅持書寫，試圖通過我的文字，更大程度地發揮陸生作為兩岸橋樑的意義。我已經在醞釀寫一本關於榮民的書，一本關於陸配的書，以一個大陸人的姿態，去瞭解這兩個生活在台灣的群體性大陸人，將他們的故事呈現。他們代表一段特定的歷史，值得記錄。

這本書的創作者不止我一人，另外還有十餘個人，我只不過是占據了一個主要角色。這是一個大膽的嘗試，即便後期它為我帶來了諸多困擾，遠沒有我起初想像的容易操作，在我自己趕稿的後期還要投身編輯他人文稿的工作中，讓我有種分身乏術的困頓。這些人只是友情撐場，多數並非文字工作者。由於一些人久疏文字，我想，他們的優勢是情感的豐腴，而非文筆的豐翼，希望讀者不要有過多苛責。然而，無論如何，我要感謝他們每一個人，只要提供給我文稿就是對我的一種恩惠，所以，他們的每一個文字都值得我感激不盡，這裡我就不羅列出他們的名字，在相應的文章裡面都有署名。除了他們以外，我要感謝還有王曉利、江檸薇等，是他們的慷慨相助，為我減輕了統整文稿的壓力。當然，我還有感謝那些為我提供圖片、以及在後期處理上給予我幫助的人，如許菁、廖宇　等等。對幾個人，我除了

① 弱點。

謝意，還有歉意。有一些城市，不止一人為我提供文稿，最終只能選其一；而一些城市的文稿，由於與出版選題方向有偏差，只好被割捨。無論是否被納入這本書中，我對所有提供文稿者一併感謝。

在上一本書的後記，我說要感謝台灣，因為它是我創作的土壤。而這一次，我要感謝大陸，這不僅因為它是我文字的源泉，也不僅因為它是生我養我的地方，而是因為它為我帶來太多美好的記憶與感受。對於城市，我從未如此花心過，從前，對所有的大陸城市幾乎都不太有好感，而這段時間，在回顧這些城市的時候，覺得它們都散發著強大的引誘力，竟然攤上了見一個愛一個的境況。無論是蘇州、杭州、上海，還是濟南、北京，抑或成都、昆明、重慶，幾乎每一個都有讓我長居的慾望。在完成了這本書後，我堅信，撇開體制與上層建築，大陸是一片值得我驕傲的地方。

這本書也算是對自己過去行程的梳理，也讓我覺得玩樂也可以是一件有成就感的事情。整個大陸，我還有很多地方不曾出現過，我想，當我走遍中國後，那餘下的城市也將同樣以書的形式呈現，作為此本書的姊妹篇。

十八個中國

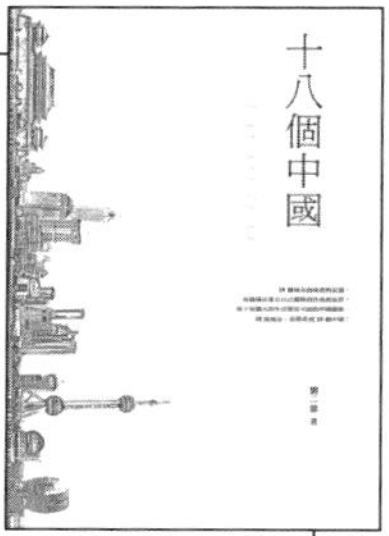

作　　者　劉二囍

發 行 人　林敬彬
主　　編　楊安瑜
編　　輯　黃谷光
內頁編排　張芝瑜（帛格有限公司）
封面設計　鄭丁文

出　　版　大旗出版社
發　　行　大都會文化事業有限公司
11051台北市信義區基隆路一段432號4樓之9
讀者服務專線：(02)27235216
讀者服務傳真：(02)27235220
電子郵件信箱：metro@ms21.hinet.net
網　　　址：www.metrobook.com.tw

郵政劃撥　14050529 大都會文化事業有限公司
出版日期　2014年01月初版一刷
定　　價　250元
I S B N　978-986-6234-67-5
書　　號　B140101

First published in Taiwan in 2014 by Banner Publishing,
a division of Metropolitan Culture Enterprise Co., Ltd.

4F-9, Double Hero Bldg., 432, Keelung Rd., Sec. 1, Taipei 11051, Taiwan
Tel: +886-2-2723-5216　Fax: +886-2-2723-5220
Web-site: www.metrobook.com.tw
E-mail: metro@ms21.hinet.net

◎本書如有缺頁、破損、裝訂錯誤，請寄回本公司更換。

大旗出版 BANNER PUBLISHING　大都會文化

國家圖書館出版品預行編目資料

大八個中國 / 劉二囍著. -- 初版. -- 臺北市 : 大旗出版 : 大都會文化, 2014.01
256 面 ; 21×14.8 公分.

ISBN 978-986-6234-67-5（平裝）

690　　102026418

大都會文化　讀者服務卡

書名：**十八個中國**

謝謝您選擇了這本書！期待您的支持與建議，讓我們能有更多聯繫與互動的機會。

A. 您在何時購得本書：______年______月______日

B. 您在何處購得本書：____________書店，位於____________(市、縣)

C. 您從哪裡得知本書的消息：

1.□書店　2.□報章雜誌　3.□電台活動　4.□網路資訊

5.□書籤宣傳品等　6.□親友介紹　7.□書評　8.□其他

D. 您購買本書的動機：（可複選）

1.□對主題或內容感興趣　2.□工作需要　3.□生活需要

4.□自我進修　5.□內容為流行熱門話題　6.□其他

E. 您最喜歡本書的：（可複選）

1.□內容題材　2.□字體大小　3.□翻譯文筆　4.□封面　5.□編排方式　6.□其他

F. 您認為本書的封面：1.□非常出色　2.□普通　3.□毫不起眼　4.□其他

G. 您認為本書的編排：1.□非常出色　2.□普通　3.□毫不起眼　4.□其他

H. 您通常以哪些方式購書：(可複選)

1.□逛書店　2.□書展　3.□劃撥郵購　4.□團體訂購　5.□網路購書　6.□其他

I. 您希望我們出版哪類書籍：（可複選）

1.□旅遊　2.□流行文化　3.□生活休閒　4.□美容保養　5.□散文小品

6.□科學新知　7.□藝術音樂　8.□致富理財　9.□工商企管　10.□科幻推理

11.□史地類　12.□勵志傳記　13.□電影小說　14.□語言學習（____語）

15.□幽默諧趣　16.□其他

J. 您對本書(系)的建議：

____

K. 您對本出版社的建議：

____

讀者小檔案

姓名：______________ 性別：□男　□女　生日：____年____月____日

年齡：□20歲以下 □21～30歲 □31～40歲 □41～50歲 □51歲以上

職業：1.□學生 2.□軍公教 3.□大眾傳播 4.□服務業 5.□金融業 6.□製造業

7.□資訊業 8.□自由業 9.□家管 10.□退休 11.□其他

學歷：□國小或以下 □國中 □高中／高職 □大學／大專 □研究所以上

通訊地址：____

電話：（H）______________（O）______________ 傳真：______________

行動電話：__________________E-Mail：______________________________

◎謝謝您購買本書，也歡迎您加入我們的會員，請上大都會文化網站 www.metrobook.com.tw 登錄您的資料。您將不定期收到最新圖書優惠資訊和電子報。

十八個中國

Eighteen Chinas

北區郵政管理局
登記證北台字第9125號
免貼郵票

大都會文化事業有限公司

讀者服務部 收

11051台北市基隆路一段432號4樓之9

寄回這張服務卡〔免貼郵票〕
您可以：
◎不定期收到最新出版訊息
◎參加各項回饋優惠活動